KB014512

공직자 민원 응대 기술서

함께 살아가고 사랑받는 공직자

공직자 민원 응대 기술서
함께 살아가고 사랑받는 공직자

초판 1쇄 발행   2023년 02월 09일

지은이   지홍선
펴낸이   박남균

펴낸곳   북앤미디어 디엔터
등록   2019.7.8. 제2019-000090호
주소   서울시 금천구 가산디지털2로 43-14, 921호
전화   02)2038-2447
팩스   070)7500-7927
홈페이지   the-enter.com

책임   박남균
북디자인   디엔터콘텐츠랩
편집   디엔터콘텐츠랩
해외출판   이재덕

ISBN   979-11-977707-5-3 (13350)
정가   16,000원

공직자 민원 응대 기술서

함께

Public Service

살아가고

사랑받는

공직자

지홍선 지음

북앤미디어 디엔터
Book&Media

"당신은 함께 살아가고 사랑받는 공직자입니다!"

공직자와 서비스직의 민원 응대에 관한 이야기를 시작해 보려 합니다. 다소 생소할 수도 있습니다. 저는 공직자가 아닌데 공직자의 민원 응대에 관한 이야기를 한다는 것이 말입니다. 그런데 민원인에 대한 적응을 돕고 공정과 공평의 업무 방식을 원활히 하기 위한 목적으로 경주시 공무원들과 함께 진행한 '2022년 취약 분야 담당자 역량 강화 교육'으로부터 이 이야기는 시작됩니다. 경주시 민원 취약 분야(인허가) 담당자들이 이야기하는 민원의 사례와 유형을 살펴보고, 공통으로 공감하는 민원을 롤 플레잉 (Role Playing, 역할 연기) 해봄으로써, 실제 일어날 수 있는 민원에 대처하는 민원 응대법에 관하여 함께 고민하였습니다.

그렇기에 이 책은 크게 보면 공공기관과 서비스직에서 일하는 모든 분의 목적지를 위한 선명한 등대와 같고, 작게 보면 대인관계 기술까지 알려 주는 알기 쉬운 안내서이기도 합니다. 공직자와 서비스직의 선한 의지와 민원 응대에 관한 규정들이 차곡차곡 담겨 있는 셈이죠. 그래서 이 책은 '공직자와 서비스직을 위한 커뮤니케이션의 모든 것'이라고 표현하고 싶습니다.

교육에 참석한 경주시 공무원들이 민원을 '법대로'가 아닌 '함께 살아가는 시민의 한 사람'으로서 해결해주고자 하는 노력을 보며, 저는 교육 강사 이전에 시민의 한 사람으로서 감사하는 마음이 들었습니다.

"경주시 그리고 대한민국 모든 공직자 여러분 감사합니다."

이번 교육을 통해 '함께 살아가는, 사랑받는 공직자'가 되기 위한 커뮤니케이션 전문가가 생각하는 공직자와 서비스직의 민원 응대 기본 역량과 민원 응대법에 관하여 소개하고자 합니다.

이 책이 출간될 수 있도록 도움을 주신 경주 시청 공무원, 서일교 이사님 그리고 오범석, 조해인, 조민선, 전혜진, 송은영 선생님께 감사드립니다. 아무쪼록 공공분야와 서비스직에 종사하는 모든 분에게 도움이 되는 책이기를 희망합니다.

지홍선 드림

고충 민원에 관하여

축사 냄새로 오랫동안 고통받는 주민들의 항의를
처리해야 하는 공무원
신분증 없이 서류를 발급받으러 와서 떼쓰는 어르신에게
욕 얻어먹고 있는 공무원

나는 이 책에서 어쩌면 '인사를 잘하면 모든 것이 해결됩니다.'라는 식의
이야기를 하게 될지도 모른다. 어떤 민원도 해결해 주지 못하는 공허한 외
침일지는 모르겠지만, 그동안 공무원과 서비스직에서 일하는 분들을 대상
으로 '소통', '갈등관리', '리더십', '고객서비스(CS, Customer Service)', '커뮤니
케이션' 등의 강의를 한 바탕으로 민원 응대에 관하여 이야기하고자 한다.

공공분야의 (고충) 민원이란 행정기관의 적법한 민원 처리에 따른 민원
인의 이의 제기가 현저하게 공무를 방해하는 경우 이에 따라 일반 민원
인의 권리보호와 민원 담당자의 업무수행이 불가할 경우 이를 특별히 관
리하는 민원으로 각 기관과 지자체마다 각각 (고충) 민원을 정의하고 관리
하고 있다.

기관별 (고충) 민원의 정의는 다음과 같다.

행정안전부, 문화체육관광부, 부산광역시, 국민권익위원회(2010)
 - 정당한 행정처분 등에 승복하지 않고 자기 의사만을 관철하기 위
   해 장시간 반복적인 주장 등으로 행정력을 낭비하게 하는 민원

법원행정처(2007)
 - 정상적이지 못한 불법 또는 부당한 방법으로 민원을 제기하여 정
   당한 직무집행을 방해하는 민원(인)

국가보훈처(2009)
 - 동일한 내용으로 2~3회 이상 계속 반복하여 제출되는 민원
 - 제기한 민원이 성취될 때까지 3회 이상 계속하여 제기하고 있는
   민원으로 현 제도와 지침에 따라 법령상 해결이 곤란한 민원

함께
Public Service

살아가고
사랑받는
공직자

제1장

공직자를 위한
민원 응대의 이해

일반 기업의 서비스와
공공서비스

고객 만족으로 돈값하는 택시

오사카 여행의 마지막 날, 숙소에서 30여 분 떨어진 난바역까지 캐리어를 끌고 걸어가려니 엄두가 나지 않았다. 그래서 때마침 정차 중인 택시를 타고 난바역으로 향했다. 13여 분을 달려서 도착했고, 약 1,800엔(약 2만 원)의 요금이 나왔다. 목적지에 도착하자, 말끔한 유니폼을 입은 연세가 조금 있으신 기사님이 캐리어를 직접 내려 주고 정자세로 서서 인사를 꾸벅하는데, 그 예의가 얼마나 바른지 한국 돈으로 약 2만 원이 되는 택시비가 전혀 아깝지 않았다. 이 택시 회사는 그 유명한 엠케이(MK)였다. 1960년 재일교포 유봉식 씨가 운영하는 일본의 작은 택시 회사가 '친절과 인사'로 크게 성공을 거뒀다는 다큐멘터리가 방송에 소개된 후 기업들이 앞다투어 고객 감동을 이야기하기 시작했다. 그렇게 엠케이는 기존 기업에는 없었던 서비스 정신으로 최고의 기업이 되었다.

엠케이 택시에 관한 책 《친절과 인사만 잘해도 세계 최고가 된다》(박기모 저, 프로방스)를 다시 읽어보면서 30년 전이나 지금도 고객을 만족시켜야 기업이 성공할 수 있다는 사실을 다시 한번 깨닫게 된다. 기업의 고객 응대 직원들에 대상으로 하는 나의 강의 주제가 '고객 감동'으로 바뀌게 된 계기도 이 엠케이 택시 이야기 때문이었다.

한국의 대기업이 '고객 감동'이라는 슬로건을 본격적으로 사용한 시기는 2000년대 들어서다. 이 슬로건 경쟁이 심화하던 시기에 나왔던 재밌는 표현이 생각난다. 바로 '고객은 왕'이라는 것이다.

🔵 공직자의 '고객 만족'의 한계

현재는 많은 기업체가 '고객만족경영(Customer Satisfaction Management)'을 경영 철학으로 사용하고 있다. 표현의 정도가 다를 뿐 고객 만족이 기업의 살 길이라는 점을 명확히 표현하고 있다. 기업의 '고객서비스(CS, Customer Satisfaction)' 역사를 보면, 1980년대 이전에는 기업 중심이라는 가치가 주를 이루었고, 1990년에 들어서는 '고객중심경영'으로 바뀌었다. 우리나라는 1992년 LG 그룹의 '고객가치창조'라는 개념의 도입에서 유래했다.

그렇다면 일반 기업이 아닌 공공분야에서는 고객에게 해당하는 민원인에게 어떻게 하고 있을까?

🔵 더도 말고 덜지도 말고 민원은 '친절 · 공정'

기업 경영에 있어서는 보편화된 개념인 '고객 만족'이라는 개념을 공공분야에 함부로 적용하려다가는 오히려 큰코다칠 수도 있다. 국가 공무원 복무 규정에서 "'차별 없이 공정하게' 민원에 응대하여야 한다."라고 규정되어 있기 때문이다('사람이 의무 없는 일을 하게 하거나 사람의 권리 행사를 방해하는 것'을 공무원의 직권남용으로 규정하고 있다).

'고객 만족'에서 '만족'의 정도가 다를 뿐만 아니라, '고객 감동'에서 '감동'의 기준도 다르다. 그래서 기업의 고객 만족이나 고객 감동을 동일하게 적용하다가는 직권남용에 해당하게 된다. 다시 말해 공직자가 행하는 민원의 해결을 위한 과정과 결과가 모두 법적 정당성을 가져야 한다는 것이다.

기업에서는 고객 응대에 대한 기준이 되는 지침(업무매뉴얼)을 가지고 있다. 기업의 고객 만족은 만족, 감동 등의 모호한 개념을 극복하려는 반면에 공직자는 모호한 것을 규정의 틀 속에서만 운용하려는 경향이 있는 셈이다.

국가공무원 복무규정 제1장 제4조(친절·공정한 업무 처리)
① 공무원은 공사(公私)를 분별하고 인권을 존중하며 친절하고 신속·정확하게 업무를 처리하여야 한다.
② 공무원은 직무를 수행할 때 종교 등에 따른 차별 없이 공정하게 업무를 처리하여야 한다.

● '서비스 품질 개선'을 위한 공직자 민원 응대 매뉴얼

공공분야에서는 '고객 만족'의 개념보다는 '서비스 품질 개선'이라는 개념을 사용한다. 민원 서비스(응대) 있어서 '만족'이라는 개인별 모호한 표현보다는 '서비스 품질 개선'이라는 실제적 의지를 담은 개념을 사용하는 것이다.

행정안전부에서 민원 서비스 품질 개선을 위해서 매년 《공직자 민원 응대 매뉴얼》을 발간하고 있다. 이 책은 공직자 민원 응대 매뉴얼에 소개된 내용을 바탕으로 "정중한 억양과 어투"로 응대하라고 한다. 그렇다면 어떤 것이 정중한 것인가? 억양과 어투는 또 어떻게 하라는 것인가? 이것에 관한 정확하고 자세한 해설, 즉 지난 25년 동안 소통 분야와 리더십 스피치 분야 전문가로서 강의해온 나의 정확하고 자세한 해설을 이 책에 담고자 했다.

기업과 고객과는 다른
공직자와 민원인

🔵 공직자란 공평하고 정직한 사람

공직자의 민원 응대를 이야기하기에 앞서 공직자의 의미를 한번 되짚어
보자. 기관에서의 '공직자'란 '국가 기관이나 공공 단체의 일을 맡아보는
사람'을 말한다.

이런 공직자(公職者)라는 단어의 그 의미는 '공평하고 정직한 사람'이다.
그렇다면 '공평과 정직'이라는 말은 무엇일까? 공직자와 민원인은 이것
에 관한 서로의 견해가 다르다. 이전에는 공직자라고 하면 공평과 정직
을 이야기했지만, 현재는 '공평'은 '평등'으로 '정직'은 '법적'으로 정의된
다. 고충 민원으로 발전하는 민원인에 대한 갈등 양상은 기본적으로 '민
원 처리에서의 서로 다른 기대치'가 깨지거나 '민원 처리에 있어서 서로
다른 신뢰 지점'이 무너질 때 발생한다.

🗨 민원 처리에서의 서로 다른 기대치

민원을 처리함에 공직자와 민원인은 서로의 원하는 바 견해가 다름을 볼 수 있다. 민원인은 자신이 원하는 것을 '담당자가 알아서 (부족한 것은 해결해 주고) 신속하게 처리'해 주는 것을 원한다. 그러나 공무원은 '서류가 완벽하게 준비된 것, 요건에 맞는 것을 정확히' 처리해 주기를 원한다. 그리고 여기서 '정확하다'의 '정확'이란 '법령에 근거한 처리'를 의미한다.

[공직자 법령]

공직자 윤리법
공직자 윤리법 시행령
공직자 윤리법 시행규칙
공직자 이해충돌 방지법
공직자 이해충돌 시행령

- **공직자 윤리법, 시행령, 시행규칙**: 공직자의 윤리를 확립·시행에 필요한 사항을 정함
- **공직자 이해충돌 방지법, 시행령**: 직무수행과 관련하여 사적 이익 추구를 금지하는 것을 확립하고 그 시행에 필요한 사항을 정함

🗨 민원 처리에서의 서로 다른 신뢰 지점

민원인은 다른 민원인처럼 공평하게 민원을 해결 받고 있다는 신뢰를 전

제로 민원이 처리되기를 원하고, 공직자는 해당 민원의 전문가로서 정직

(적법)하게 처리하였음에 대한 신뢰를 얻길 원한다.

　이러한 공직자와 민원인의 민원 처리에 관하여 법률은 다음과 같이 정

의하고 있다.

[민원 처리에 관한 법률]

- **민원 처리 담당자의 의무**(「민원처리법」 제4조 제1항)

  민원을 처리하는 담당자는 민원을 신속·공정·친절·적법하게 처리하여야 함
- **민원인의 권리와 의무**(「민원처리법」 제5조)

  행정기관에 민원을 신청하고 신속·공정·친절·적법한 응답을 받을 권리가

  있음, 민원 처리 담당자의 적법한 민원 처리를 위한 요청에 협조하고, 행정

  기관에 부당한 요구 및 다른 민원인의 민원 처리를 지연시키는 등의 공무를

  방해하지 않아야 함
- **민원 처리 시 이해충돌 방지**(「공직자의 이해충돌 방지법」 제1조)

  민원 처리 시 공정하고 청렴한 직무수행이 저해되거나 저해될 우려가 있는

  상황인 이해충돌을 사전에 예방·관리 필요

민원인 응대 기본 방향

해마다 행정안전부에서 공직자들의 민원인 응대를 돕는《공직자 민원 응대 매뉴얼》을 발간하고 있다. 이 매뉴얼의 민원 응대 기본 방향에 관한 세 가지를 살펴보자.

1. 민원의 공정하고 적법한 처리 등을 통해 민원인의 권익을 보호
2. 민원인의 눈높이에 맞춘 정중하고 정확한 민원 응대
   정중한 억양과 어투를 사용하고, 민원 사항에 대한 정확하고 이해하기 쉬운 설명 진행
3. 일반적인 민원 응대와 고충 민원은 분리하여 대응
   상식에 부합하지 않는 민원인의 행동에 대해서는 민원 서비스 접근이 제한되고 처벌 대상이 될 수 있다는 경각심 부여
※ 민원인의 위법행위는 다른 민원인들에게 불안감을 주고 민원 처리를 지연시키는 등 국민 불편을 가져오므로 공익적 차원에서 엄정 대응

[출처: 행정안전부 《공직자 민원 응대 매뉴얼》(2022년)]

1. 민원의 공정하고 적법한 처리는 민원인 권익을 보고하는 것

공적인 일을 하는 사람인 공직자는 민원을 해결하는 형태로 업무가 부여된다. 이 업무는 '해야 하는 일'과 '해서는 안 되는 일'이 법적으로 정해져 있다. 결과적으로 민원을 처리함으로써 민원인의 권리와 이익이 법적으로 보호되는 것이다.

2. 민원인의 눈높이에 맞춘 정중하고 정확한 민원 응대

공직자의 민원을 처리하는 태도나 분위기는 민원인이 납득할 수 있어야 하고, 민원인이 오해하지 않도록 해당 건에 대한 민원이 처리되어야 한다. 민원에 따른 민원인을 앞에 두고서 개인의 사담을 하거나 다른 일을 하면서 처리하는 것을 지양하여야 한다.

3. 일반적인 민원 응대와 고충 민원은 분리하여 대응

공직자는 민원 처리의 업무가 중단되지 않도록 일반 민원과 고충 민원을 분리하여 대응하여야 한다. 일반 민원인과 고충 민원인의 각각의 권리가 보장되도록 보호하는 조치를 하여야 한다.

　일반 민원인의 보호는 일반 민원인들이 고충 민원이 민원에 방해받지 않도록 하여야 한다. 고충 민원인의 보호는 고충 민원인의 행위가 '법적 처벌'이 되지 않도록 관리하여야 한다.

민원 취약 분야 담당자 교육

[공무원의 업무 면적]

관공서의 크기에 대한 일반의 생각과는 다르게 일반 직원의 업무 면적이 56.62㎡(17평) 이하로 법적으로 규정되어 있다. 이 업무 면적은 복도 · 계단 · 회의실 · 주차장 등의 공용시설을 포함한 면적으로 실제 1인당 면적은 7.2㎡(2평)로 지정되어 있다.

경주 청렴감사관실에서 취약 분야 담당자들을 대상으로 교육해 달라는 의뢰가 들어왔다. 흔히 공무원 하면 행정복지센터(동사무소)에서 많은 민원인을 상대로 신청 · 조회 · 발급 등의 업무를 하는 장면이 떠오른다. 혹은 큰 대합실에서 번호표를 뽑아 기다리고 있으면 순서대로 착착 몇 마디 오고 가면 원하는 바를 얻는 그런 모습일 것이다. 친절이나 불친절을 논할 필요도 없이 말이다.

"안녕하세요. 어떻게 오셨어요?"

"○○○ 서류를 떼러 왔어요."

"신청서 작성해서 주시고 신분증 주세요."

정말 종일 이런 대화만 민원인과 반복할 듯하다. 그러나 일반 민원실과는 별개로 층이나 건물을 달리하는 인허가 등의 민원을 처리하는 곳은 상황이 다르다. 소위 말하는 민원에 취약한 민원 취약 담당 부서들은 민원의 종류뿐만 아니라 민원인의 성향에 따라 완전 다른 분위기가 연출된다. 이곳은 개별 민원마다 민원의 처리 시간보다 절차적 순서가 중요하기도 하다. 또한 관련 부서마다 협조를 구해야 하는 등 무엇 하나 누락이 되면 다시 처음부터 반복하기도 하고, 때로는 다음 날 서류를 정비해서 다시 와야 하기도 한다.

정말 민원인과 민원 담당자의 아쉬움이 교차하는 순간이 되풀이되는 인허가 등을 다루는 취약 분야 담당자들이 일하는 곳이다. 공무원으로서 융통성을 발휘해서 원스톱으로 처리를 해주고 싶지만, 법적 허용의 한계가 분명 존재하고 이러한 융통성이 도리어 다른 민원의 단초로 이어질 수도 있으니 경계해야만 한다. 민원인으로서는 한 번에 해결되지 않고, 몇 번이고 들락날락해야 하니 짜증이 날 만하다.

이러한 민원인과의 갈등 요소가 있는 인허가 부서의 공무원들을 '민원 취약 분야 담당자'로 분류하여, 대부분 관공서에서 일반 민원을 취급하는 공무원들과 함께 민원인 응대 교육을 시행하고 있다.

PUBLIC
SERVICE

민원인의 눈높이에 맞춘
정중하고 정확한 민원 응대

고충 민원인 응대 요령에 앞서 일반적인 민원에서의 응대 요령을 《공직자 민원 응대 매뉴얼》의 내용을 중심으로 살펴보면 다음과 같다.

첫째, 정중한 억양과 어투를 사용하며, 민원 사항에 관한 공감을 해야 한다.

둘째, 민원인 문의 사항을 집중하여 끝까지 듣고, 필요시 확인을 통해 민원 사항을 정확히 파악해야 한다.

셋째, 민원인의 눈높이에 맞춘 정확하고 이해하기 쉬운 설명으로 진행해야 한다.

넷째, 민원인이 제기한 불만의 원인을 파악하고, 잘못된 부분은 사과해야 한다.

다섯째, 민원인에게 민원 문서의 보완 요구, 처리 진행 상과 처리 결과를 통보할 때는 담당자의 소속과 성명, 연락처를 안내해야 한다.

[출처: 행정안전부 《공직자 민원 응대 매뉴얼》(2022년)]

정중한 억양, 어투, 공감이란 상대와 코드를 맞추는 노력이다. 민원인을 불쾌하게 하거나 기분 언짢게 하는 대표적인 요소가 '말투'이다. 공직자의 응대 태도를 문제 삼는다면 십중팔구 '말투' 때문인데, 민원인의 화를 북돋는 말투는 '말을 전달하는 목소리'와 '민원인과 나누는 대화 내용'에서 공무원이 말하는 태도를 지적한다.

목소리를 지나치게 작게 하거나 쓸데없는 내용으로 민원인이 공무원 태도를 문제 삼게 하는 요소를 살펴보자.

목소리, 세 가지는 조심하자

> '목소리가 지나치게 작거나, 목소리의 높낮이가 없거나, 성의 없게 들리는 무미건조한 목소리를 지양해야 한다.'

첫째, 지나치게 작은 목소리는 지양해야 한다.

소리의 끝은 화살과 같아서 상대에 가서 닿아야만 효과를 발휘한다. 말할 때 내뱉는 게 아니라 먹는 경우가 그렇다. 마치 숨을 들이마시는 듯한 말투로, 들리기에는 마치 말하다 만 느낌을 받게 된다. 활시위를 당기다 말고 놓치는 사례다. 활시위(입)를 떠난 화살이 힘을 못 받으면 날아가는 도중에 땅으로 떨어지기도 한다. 심지어 말이 화자의 발등으로 곧장 떨어지는 경우가 다반사다. 거리감 조절에 실패했거나 활의 크기가 너무 작은 나머지 화살이 목표를 향해 날아갈 힘이 부족한 경우이다.

둘째, (높낮이가 없는) **평탄한 목소리는 지양해야 한다.**

말에도 음치가 있다. 노래를 잘 못 부르는 사람과 마찬가지로 말에 고저장단(高低長短)이 안 된다는 뜻이다. 심금을 울리는 소리와 대비되는 평탄한 소리는 아무런 감정도 담겨 있지 않은 빈 껍데기처럼 들린다. 정보만 있을 뿐 감정이 빠진 소리는 호소력이 떨어질 수밖에 없다. 그래서 설득은커녕 단순한 정보마저도 제대로 전달하거나 각인시키지 못한다.

다만 한 가지 예외는 있다. 높낮이가 없어도 감성적으로 들리는 단 하나의 소리, 바로 처녀 귀신의 울음소리이다. 높은 음역의 소리가 아주 느릿한 속도로 전달되면 감성적으로 들리기도 한다. 이때 전달되는 감성이 정작 대중들에게 좋게 들리지 않는다는 점이 문제이지만 말이다.

셋째, 지나치게 무미건조한 목소리는 지양해야 한다.

물기 하나 없이 바싹 마른 모래는 바람이 불면 쉽게 흩어져버리고 만다. 사막에서는 제대로 된 꽃나무가 자라기 어렵듯이, 모래처럼 건조한 목소리도 마찬가지로 감정이라는 꽃을 제대로 피울 수가 없다. 아무 표정 없는 얼굴로 하는 '와, 재밌다.'라는 말이 정말 재미있어하는 반응으로 느껴지지 않는 것처럼 무미건조한 목소리는 오히려 비아냥으로 들리거나 '대체 언제 끝나? 우리 다른 얘기나 하자.'라는 뜻으로 들릴 수 있다.

정중한 억양과 어투는 어떻게 하는 것인가?

결국 민원인에게 전달되는 응대란 소리의 형태가 대부분이고, 억양과 어투에 따라서 상대가 느끼는 감정은 달라질 수 있다. 그런데 정중한 억양과 어투란 어떤 것인가? 우리가 일반적으로 '정중한'이라고 표현되는 것의 전제는 민원에 있어서는 '객관적인 사실'과 '민원의 적법한 해결 방법'에 관하여서만 이야기되어야 한다. '정중하다'는 말의 사전적 의미는 '태도나 분위기가 점잖고 엄숙하다.'이다. 그렇기에 개인의 감정이 표현되는 정중함이란 지양되어야 한다.

기본적으로 억양과 어투는 상대의 말과 유사하게 표현하는 것이 좋다. 억양과 어투를 결정하는 것은 소리의 길이 값과 높이 값이 좌우한다. 일상 업무에서 무게를 잡고 있을 필요도 가볍게 말할 필요도 없지만, 기본적으로 민원인의 억양을 따라 하되 '한 박자 늦게, 한 톤 낮게' 하는 것이 좋다.

상황에 맞는 목소리 내기

억양은 그렇다 치더라도 어투는 말의 표정이라 할 수 있다. 어투에 따라서 본말과 전혀 다르게 뜻이 전달될 수 있는데 가장 신경 써야 할 것은 말의 끝을 명확히 하는 것이다. 이 말은 말하는 사람이 말끝을 명확히 한다는 의미뿐만 아니라 상대의 말을 끝까지 듣고 답해야 함을 의미한다.

상대의 말이 한없이 길어질 때, '말이 의도하는 바'를 먼저 말해 달라고 요구하는 것도 한 방법이다. 민원이 항상 일대일로 이뤄지는 것만은 아니다. 가령 여러 사람 앞에서 회의나 행사를 진행할 때, 상황에 따라 목소리 높낮이와 음의 길이를 조정할 필요가 있다.

인사하거나 소개할 때는 소릿값을 짧고 톤을 높여서 이야기하는 것이 좋고, 본론으로 들어가 사안을 다룰 때는 소릿값을 길게 그리고 시작 때의 소릿값보다 낮게 하는 것이 좋다.

상황별	소리 길이	소리 높이
가벼운 상황	짧다	높다
무거운 상황	길다	낮다

인사하거나 소개할 때 처음부터 너무 무게를 잡으면 지루해지기 쉽고 참석자와의 소통에 방해가 된다. 처음 시작할 때는 '아이스 브레이킹'을 한다는 생각으로 가볍게 시작해서 참석자의 주위를 환기하는 것이 좋다. 민원인과의 응대도 마찬가지로 민원을 접하기 전에 인사와 맞이하는 말은 가볍게 가져가야 이후 민원인과의 관계도 개선할 기회를 가질 수 있다.

무심코 쓰는 표현 & 배려하는 표현

말 한마디에 천 냥 빚도 갚는다는 속담이 있다. 배려하는 표현을 통해서 민원인에게 사랑받는 공직자가 될 수 있다.

무심코 쓰는 표현	배려하는 표현
기다리세요.	잠시만 기다려 주시겠습니까?
모르겠는데요.	죄송합니다만, 잘 모르겠습니다.
할 수 없는데요.	죄송합니다. 지금은 할 수 없지만 도울 방법이 있는지 찾아보겠습니다.
없습니다.	취급하지 않습니다.
자리에 없습니다.	지금 자리에 안 계십니다. 메모를 남겨 드릴까요?
다시 전화해 주세요.	죄송합니다만, 연락처(전화번호)를 남겨 주시면 ○○분/시간 후에 다시 전화를 드리도록 하겠습니다.
담당자가 아니라서……	죄송합니다만, 담당자와 통화하실 수 있도록 안내해 드리겠습니다.

모르겠는데요.	죄송합니다만, 담당자에게 메모를 남겨 연락드리도록 하겠습니다.
예, 뭐라고요?	죄송합니다만, 다시 한번 말씀해 주시겠습니까?
아닙니다.	죄송합니다만, 제가 확인한 바로는 XX라고 합니다. 양해해 주시면 감사하겠습니다.
수고하세요.	감사합니다. 안녕히 계십시오.
그래요.	그렇습니다.
알고 있어요.	알고 있습니다.
그대로예요.	바로 그렇습니다.
무슨 일이십니까?	어떤 내용이십니까?
잠깐 기다리세요.	잠시만 기다려 주십시오.
잘 알아보고 전화해 주세요.	죄송합니다만, 다시 한번 확인해 주시겠습니까?

[출처: 국민권익위원회, 《2015년도 공공부문 고질 민원 대응 매뉴얼》]

둘째, 민원인 문의 사항을 끝까지 듣고, 민원 사항을 정확히 파악하는 것이란

'민원'이란 '주민이 행정기관에 대해 요구하는 일'이다. 민원인의 관점에서 민원이란 원하는 바를 들어주는 것이다. 부서를 두 번 정도 옮긴 임용 5년 차쯤 되면 업무에 반 도사가 된다. 민원인의 표정만 봐도 이 사람이 무엇을 원하는지 '척하면 척' 아는 경지가 된다. 사실 민원이라는 것이 공직자로서는 특별한 일이란 드물고, 민원 발생의 원인과 답도 대부분 아는 것들이다. 단지 모르는 것은 민원인이 어떤 사람인가를 모를 뿐이다.

며칠 전 법사위 국정감사에서 회의 진행을 위해 여야 간사 간에 몇 가지를 협의하였다. 그중 한 가지는 '말을 자르지 않는다.'이다. 주어진 시간까지는 끝까지 듣고 답하기로 한 것이다. 국정 전반에 관한 조사 중에서도 가장 엄숙하다고 할 수 있는 법에 관하여 다루는 법사위에서도 말을 자르지 않고 끝까지 들어야 한다고 하니, 이는 회의 진행을 위한 규칙보다는 말을 자르면서 불필요한 감정 다툼을 막고자 함이다. 서로 감정이 격화되어 '감정 다툼의 끝이 회의 파행'임을 알기 때문이다.

민원인 관점에서 말을 자르는 것은 말하는 사람에게 '말을 못 하게 하려 하는 것', '말하는 의도를 왜곡하는 것' 등으로 오해를 불러일으킬 수 있다. 이에 대한 민원인의 반응은 짧은 말로 분위기를 환기(제압)하려는 격앙된 감탄사일 뿐이다.

입은 하나이지만 귀는 두 개인 이유가 경청이라는 비유로 그 중요성을 설명하기도 한다. 실제 경청은 민원인과의 소통에 있어서 매우 중요한 부분을 차지한다. 경청만 잘해도 민원인은 '대화가 잘 통하는 사람'이라 느끼게 되며, 나아가 '친절한 공무원'으로 여길 수 있다. 민원 사항을 정확히 파악하는 것이란 잘 들어주는 것이다.

🔵 셋째, 민원인의 눈높이에 맞춘 정확하고 이해하기 쉬운 설명이란

일반적으로는 객관적인 사실관계만을 적시하지만, 컴플레인(Complain)으로 진행되는 경우 '짜생비(자잘하고 생생하게 비유를 들어 이야기하는 것)'로 대화해야 한다. 민원인의 관점에서 공공기관을 방문해서 민원을 해결하는 일이란 일상의 범주에 있지 않은 일이다. 그렇다 보니 일반인의 경우 민원은 생소하고, 그 생소한 것의 공적 부담을 줄이고, 단순 검색 후 출력을 위해서 전자민원 등의 '전자정부 2.0'을 실시하고 있다. 그렇지만 기계가 대신할 수 없는 민원에 대해서는 민원인이 공공기관에 민원을 제기한다는 것 자체가 처음 경험하는 일인 경우도 많다.

일반적으로는 민원인에 대해 객관적인 사실을 알려주면 그만이지만, 민원이 컴플레인으로 진행되는 경우 짜생비 원칙에 따라 이야기해야 한다. 짜생비란 '자잘하고 생생하게 비유를 들어 이야기'하는 것으로 치밀하면서도 오감을 자극하는 비유를 들어 이야기해야 한다는 것이다.

예를 들어, 수박을 처음 본 사람에게 수박을 소개한다면, '쌍떡잎식물 박목 박과의 덩굴성 한해살이풀' 등으로 소개해서는 도무지 이해를 못한다. 짜생비로 표현해 보자면 '보통은 겉이 녹색으로 사람 머리통 크기만 한 줄무늬가 호랑이 줄무늬처럼 아래로 그려져 있고, 수박을 갈랐을 때 속이 붉은색으로 쌀알만 한 검은 씨앗이 알알이 박혀있는 달짝지근한 맛을 내는 과일'이라고 하면 쉽게 알 수 있다.

민원인의 컴플레인에 구구절절 대응하지는 못하겠지만, 민원인의 민원에 대한 눈높이를 설정할 때 아는 것도 모른다고 생각하면서 짜생비로 대응하는 것도 방법일 것이다.

넷째, 민원인이 제기한 불만의 원인을 파악하고, 잘못된 부분은 사과하는 것은

공직자에 대한 일반의 경직성을 조금이나마 해소할 수 있으면서도 민원인에게 친근하게 다가갈 수 있는 마법과 같은 말이 있다. 영어권에서는 'Thank You.', 'Sorry.', 'Please.' 등이다. 한국식으로는 "안녕하세요?", "감사합니다.", "죄송합니다." 등의 표현이다.

> "안녕하세요?"　"감사합니다."　"죄송합니다."

소통을 이야기할 때 세 문장을 잘 쓰면 갈등의 3분의 2는 해결된다. 일상에 쓰는 이러한 표현은 민원인과의 갈등이 발생하면 가장 쓰기 힘든 말이다. 기본적으로 감정의 동요 없이 쓸 때 빛을 발하는 표현이기도 하다. 영어식 표현 'Please.'는 자신의 감정의 상태와 상대와의 관계 개선을 위한 유화적인 표현인데, 우리는 자신의 감정의 상태를 표현하는 것에 익숙하지 않아 'Excuse me.' 정도의 의미로 한정되게 쓰는 경향이 있다. 일상 업무에서 민원인과 쓰는 말임을 명심하자.

민원인을 만나면 "안녕하세요?"

질문이나 부탁할 때 '내가 다른 사람을 귀찮게 하는 게 아닌가?', '내 부탁을 거절하면 어떻게 하지?', '내가 부족한 사람인가?' 등의 거부감이 있을 수 있다. 이때에는 첫 운을 어떻게 띄우는가가 관건인데 "안녕하세요?"라는 말과 함께 관용어처럼 쓰는 것이 좋은 것 같다. 공직자에 대한 일반의 경직성을 조금이나마 해소할 수 있는 표현이기도 하다. 민원인과의 첫 대면에서는 무조건 써야 하는 표현이다.

민원인이 답하였을 때, "감사합니다."

일상에서 "감사합니다.", "죄송합니다." 등은 쉽게 쓸 수 있는 말이지만, 고충 민원으로 진행되었을 때 "감사합니다.", "죄송합니다."라는 표현은 되려 화를 북돋게 만드는 경향이 있다. 그래서 감정의 상태가 평이할 때, "감사합니다." 혹은 "죄송합니다."라고 표현해야 민원인과의 관계가 원만한 것이다.

민원인과의 의견이 달랐을 때, "죄송합니다."

"죄송합니다. 제가 말씀을 잘 듣지 못했습니다. 이해를 못했습니다." 일상에서는 "죄송합니다."라는 표현이 쓰일 때는 책임을 인정하라는 의미보다는 상대의 말에 대한 호응 정도로 이해하고 사용하면 된다. 잘못해서 죄송한 것이 아니고, 민원인이 이해를 잘 못 해서 시간이 지연된 것에 대한 양해 정도로 이해하면 된다.

공직자들에게 있어서, "안녕하세요?", "감사합니다.", "죄송합니다."라는 표현은 어쩌면 감정과는 상관없는 민원인과의 원만한 소통에 관한 약속인 셈이다. 그러나 고충 민원으로 전개될 때는 문제의 해결에 이 세 단어는 무용지물이 되기에 애써 쓰려고 하지 않는 것도 방법이다. 고충 민원에 있어서 가장 경계 되어야 하는 부분이 '감정 양상'인 것이고, 감정이 진정되는 방향 감정이 고조되지 않는 방향으로의 전개를 위한, 차분한 대응에서의 사실관계만이 전달되어야 하고 이는 당사자 간에는 해결되지 않는 경향이 있다.

다섯째, 민원인에게 민원 문서의 보완 요구, 처리 진행 상황과 처리 결과를 통보할 때는 담당자의 소속 성명과 연락처를 안내한다

"민원이 종결되지 않고 보완, 수정 등이 요구될 때 그 전후 사정을 잘 아는 담당자의 소속 성명과 연락처를 안내함으로써 부재 시 내용의 연결이 확인될 수 있도록 하여야 한다."

'규제 담당 공무원의 경우 책임질 일이 많다.'라는 이유로 업무를 오래 안 맡기는 것이 암묵적인 인사 관행이라는 뉴스가 있다. 민원은 '처리에서 종결까지' 원스톱으로 이뤄지는 것이 중요하다. 그렇지만 민원에 따라 일시에 처리되지 못하고, 담당 공무원이 여러 번 바뀌는 동안 민원이 제자리에서 맴도는 경우가 있다. 일을 잘 아는 공무원, 최초 담당 공무원 혹은 인수인계를 받은 공무원의 연락처를 민원인에게 알려주는 것이 중요하다 (동아일보 2019. 04. 04. "3년 새 5번 바뀐 담당 공무원, 규제 풀리겠나?").

함께
Public Service
살아가고
사랑받는
공직자

누구나 쉽게 이해하는 고충
기인 대응 위한

제 2 장

누구나 쉽게
이해하는 고충 민원

PUBLIC
SERVICE

고충 민원에 대응하는
개인 대응 역량

● 행정기관의 민원 공무원(공직자) 보호 법적 근거

제4조(민원 처리 담당자의 보호)

① 법 제4조 제2항에서 "민원 처리 담당자의 신체적·정신적 피해의 예방 및 치료 등 대통령령으로 정하는 필요한 조치"란 다음 각호의 조치를 말한다. <개정 2022.7.11>

1. 민원 처리 담당자의 안전을 보장하기 위한 영상정보처리기기·호출장치·보호조치음성안내 등 안전장비의 설치 및 안전요원 등의 배치

2. 민원인의 폭언·폭행 등이 발생하였거나 발생하려는 때에 증거 수집 등을 위하여 불가피한 조치로서 휴대용 영상음성기록장비, 녹음전화 등의 운영

3. 폭언·폭행 등으로 민원 처리를 지연시키거나 방해하는 민원인에 대한 퇴거 조치

4. 민원인의 폭언 · 폭행 등이 발생한 경우 민원인으로부터 민원 처리 담당
   자를 보호하기 위한 조치로서 민원 처리 담당자의 분리 또는 업무의 일시
   적 중단

5. 민원인의 폭언 · 폭행 등으로 인한 신체적 · 정신적 피해의 치료 및 상담
   지원

6. 민원인의 폭언 · 폭행 등으로 고소 · 고발 또는 손해배상 청구 등이 발생
   한 경우 민원 처리 담당자를 지원하기 위한 조치로서 관할 수사기관 또는
   법원에 증거물 · 증거서류 제출 등 필요한 지원

[출처: 행정안전부 《공직자 민원 응대 매뉴얼》(2022년)]

대학생이 가장 선호하는 직업의 상위권에 있는 직업이 공무원이다. 해마다 공무원 시험의 실질 경쟁률은 높아만 가는데, 2021년부터 공무원 시험의 실질 경쟁률이 주춤했다.

한국행정연구원 '공직생활실태조사' 결과(한국행정연구원, 2021. 8. 12. ~ 9. 30. 중앙부처와 광역자치단체 일반직 공무원 4천 명 대상 공직생활실태조사)에 따르면 20대 5급 공무원 10명 중 6명은 "기회가 된다면 이직 의향이 있다."라고 말했다. 또한 "나는 담당 업무성과에 따라 보수, 승진, 고과 등 공정한 보상을 받는가?"라는 질문에 30대 이하는 대부분 "만족하지 않는다."라고 응답했다.

공무원의 공직 생활 만족도가 낮은 여러 이유가 있겠지만, 민원을 상대하는 공무원으로서 공무원을 힘들게 하는 가장 큰 원인은 '고충 민원인'이다.

공적 시스템은 공직자의 일상 업무에서의 민원인을 응대해야 하는 상황을 회피하는 방향으로 발전해 가고 있다. 일상에서 많이 쓰이는 주민등록 등·초본에서부터 전입신고에 이르기까지 정부24 전자민원, 무인민원발급기 등을 통해 신청·조회·발급되고 있다. 이것은 공직자들의 단순 반복적인 업무를 회피하고, 시스템적 개선을 통해 공직자들에게 더욱 전문적인 역할을 기대하는 사회적 변화에 기인하는 것이다.

2022년 경주시 취약 분야 담당자 역량 강화 교육에서 나온 고충 민원 사례를 살펴보자.

> **사례 1**
>
> 민원인이 중소기업 운전자금(이자 지원) 신청을 위해서 공장 등록을 해달라고 요청하였으나 설비를 갖추지 않고 공장 완료 신고를 한 사항으로 공장 등록이 불가한 사항이다.

> **처리**
>
> 담당자는 현장 사진 등을 요구하였고, 현장을 확인하여 공장 설비 조건이 충족되지 않았음을 고지하였다. 그래서 불법 등록으로 인한 예산 낭비를 막을 수 있었다.

위 사례처럼 국가 예산이 사용되는 곳은 예산이 적시적소(適時適所)에 제대로 집행될 수 있도록 철저한 감시와 관리가 필요하고, 이러한 공무원의 역할이 점차 확대되고 있다. 그런데도 민원인이 지속적인 공장 등록을 요구하거나 요구하는 과정에서 욕설과 폭력 등의 위력을 행사할 때 공무원 개인뿐만 아니라 담당 부서는 어려움에 부닥치게 된다.

사례 2

나이가 많은 어르신이 택시 카드 40회 한도를 다 사용했음에도 자신은 3~4회 밖에 사용하지 않았다며 막무가내로 떼를 쓰며 재발급을 요구하였다.

처리

담당자는 확인 결과 택시 카드 40회를 이미 사용하였고, 잔여 한도가 없음을 고지 후 어르신의 화가 누그러질 때까지 응대하였다.

위 사례처럼 공무원을 가장 힘들게 하는 유형 가운데 하나가 막무가내로 주장하는 민원인이다. 객관적인 데이터를 제시하여도 대화가 단절되는 경우로 어르신들을 달랠 수밖에 없는데, 보통 이런 경우 주위 동료의 도움으로 주위가 환기되어야 어르신의 화를 누그러트릴 기회를 가질 수 있다.

위 두 사례 모두 '법적 대응'이라는 방법이 있겠으나 법적 대응이 가져오는 파급효과란 업무의 연속성을 파괴할 뿐만 아니라 민원인과 공직자의 갈등을 더욱 심화하는 양상으로 발전하기에 고충 민원에 대해 가급법적 대응까지 가지 않도록 관리해야 한다.

Step	소리 길이	소리 높이
Step 1	조사 요청 (피해 부서)	피해 부서에서 감사부서(원칙) 등에 조사 요청
Step 2	관련 내용 조사 (감사부서 등)	감사부서 등에서 피해 직원·동료 등의 진술과 녹음·녹화 등 근거자료를 토대로 조사
Step 3	법정 대응 최종결정 (법무부서)	법무부서에서 감사부서 등 조사결과를 토대로 최종 결정
Step 4	법적 조치 추진 (법무부서 중심)	법무부서를 중심으로 기관 차원에서 대응(고소·고발 등 형사책임, 손해배상 등 민사 책임)

[법적 대응 절차(공직자 민원응대 매뉴얼, 34쪽)]

법적 대응 시 해당 조직은 대체인력을 마련하고 감사부서와 비상 대응 팀을 가동하여 기관 차원에서 유·무형적인 비용을 지출해야 한다. 그래서 공직자의 고충 민원에 대한 대응은 그야말로 법적 대응까지 진행되지 않도록 '개인 대응 역량(social skills)'을 갖추는 것이 유일한 대비책이다.

구 분	행위 유형 및 적용 법률
단순 폭언	• (행위) 정당한 이유 없이 시비를 걸거나 거칠게 겁을 주는 말이나 행위 • (법률) 「경범죄 처벌법」 제3조 제1항 제19호: 불안감 조성 • (형량) 10만 원 이하의 벌금, 구류 또는 과료의 형으로 처벌
모욕에 해당하는 폭언	• (행위) 공연히 사람을 모욕하는 행위 ※ 폭언의 내용이 '사람에 대한 경멸의 의사를 표시하는 것'이라면 형법상의 모욕죄에 해당 • (법률) 「형법」 제311조: 모욕 • (형량) 1년 이하의 징역이나 금고 또는 200만 원 이하 벌금 * 모욕죄는 고발(제3자)로는 불가능하며 고소가 있어야 공소 제기 가능
협박에 해당하는 폭언	• (행위) 폭언의 내용에 '해악의 고지'로써 상대방에게 공포심을 일으킬 정도의 것이 포함되어 있다면 협박죄에 해당 • (법률) 「형법」 제136조: 공무집행방해 / 「형법」 제283조: 협박, 존속협박 • (형량) 5년 이하의 징역 또는 1천만 원 이하의 벌금 * 직무를 수행하는 공무원에 대한 협박은 공무집행방해죄로 처벌될 뿐이고, 별도의 협박죄가 성립되는 것은 아님

(전화 응대) 반복적 폭언	• (행위) 반복적으로 전화하여 공포심이나 불안감을 유발하는 행위 • (법률) 「정보통신망 이용촉진 및 정보보호 등에 관한 법률」 제74조 • (형량) 1년 이하의 징역 또는 1천만 원 이하의 벌금
(전화 응대) 성희롱	• (행위) 전화, 우편, 컴퓨터, 그 밖의 통신매체를 이용하여 성적 수치심이나 혐오감을 일으키는 행위 • (법률) 「성폭력범죄의 처벌 등에 관한 특례법」 제13조: 통신매체를 이용한 음란행위 • (형량) 2년 이하의 징역 또는 2천만 원 이하의 벌금
폭행	• (행위) 사람의 신체에 유형력을 행사 • (법률) 「형법」 제136조: 공무집행방해 / 「형법」 제260조: 폭행, 존속폭행 • (형량) 5년 이하의 징역, 1천만 원 이하의 벌금 　* 직무를 수행하는 공무원에 대한 폭행은 공무집행방해죄로 처벌될 뿐이고, 　　별도의 폭행죄는 미 성립
상해	• (행위) 사람의 생리적 기능을 훼손하는 행위 • (법률) 「형법」 제257조: 상해, 존속상해 / 「형법」 제136조: 공무집행방해 • (형량) 7년 이하의 징역, 10년 이하의 자격정지 또는 1천만 원 이하의 벌금 　* 직무를 집행하는 공무원에 대한 상해는 공무집행방해죄에 추가로 상해죄가 성립
(대면 응대) (전화 응대) 업무 방해	• (행위) 허위의 사실을 유포하거나 위계 또는 위력으로써 사람의 업무를 방해하는 행위 • (법률) 「형법」 제136조: 공무집행방해 / 「형법」 제314조: 업무방해 • (형량) 5년 이하의 징역 또는 1천만 원 이하의 벌금
(전화 응대) 반복 전화	• (행위) 정당한 이유 없이 전화, 문자, 편지, 전자우편, 전자문서 등을 여러 차례 되풀이하여 괴롭히는 행위 • (법률) 「경범죄처벌법」 제3조 제1항 제40호: 장난전화 등 • (형량) 10만 원 이하의 벌금, 구류 또는 과료

[행위유형 및 적용 법률(공직자 민원응대 매뉴얼 34~35쪽)]

민원 공무원의 보호 조치

민원 공무원과 민원인과의 법적 대응 등의 시비가 붙은 상황이라면, 민원 공무원의 보호 조치를 기관에서 실시하여야 한다.

> 첫째, 민원 공무원에게 적정 휴게시간, 휴식 공간과 힐링 프로그램을 지원해야 한다.
> 둘째, 폭력·폭언 등의 피해 직원에 대한 신체적 안전과 심리적 안정을 도모해야 한다.
>
> [출처: 행정안전부 《공직자 민원 응대 매뉴얼, 50~51쪽》(2022년)]

민원 공무원의 보호 조치에 따른 구체적인 매뉴얼이 명시되어 있고 이를 보장해야 한다.

휴게시간 제공

- 직원이 신체적·심리적 안정이 필요하다고 부서장이 판단하는 경우 등에 부서장은 민원 공무원이 폭언, 성희롱 등 고충 민원으로 인하여 심적 고충이 크면 60분 이내의 범위에서 휴게시간을 부여해야 한다.
- 민원 공무원은 고충 민원인과의 통화가 30분 이상 지속되거나 면담 시간이 1시간 이상 지속될 때는 응대를 정중하게 종료할 수 있으며, 부서장은 15분 내외의 짧은 휴게시간 부여 가능하다.

휴식 공간과 심리상담 서비스 제공

- 각 행정기관은 민원 공무원의 온전한 휴식 기회 부여를 위해 민원실과

인접하거나 이용하기 편리한 장소에 독립적인 휴식 공간 마련해야 한다.

(민원 공무원이 심리적으로 안정을 취할 수 있도록 휴게실 내 소파, 다과류 등을 비치하고, 조명을 조정하여 편안한 분위기에서 휴식을 취할 수 있게 배려).

- 각 행정기관에서는 민원 공무원을 위한 개인 맞춤형 심리상담과 치유 프로그램 지원을 위한 심리상담센터 운영을 강구해야 한다.

(기관 내 심리상담센터 설치가 어려운 경우 외부 전문기관에서 민원 공무원이 상담·치료를 받을 수 있도록 이용 쿠폰 제공 등 지원 / 민원실 등 민원 격무 부서에 근무하는 공무원에게는 연 1회 이상 심리상담 지원 방안 강구)

피해 공무원 등 보호

- 피해 공무원을 민원인과 분리하여 안전한 곳에서 진정시키는 등 보호 조치 강구해야 한다.

(업무를 중단시키고 피해 공무원에게 휴식 시간 제공과 근무 위치 변경[피해가 큰 직원의 경우에는 근무부서 변경 등 인사 조치])

- 민원실 등에서 면담 중에 민원 공무원을 위협한 민원인이 다시 면담을 요청하는 경우, 안전요원 등의 입회하에 다른 민원 공무원이 면담 진행해야 한다.

- 민원 공무원의 피해 정도에 따라 심리상담, 병원 치료 등을 적극 지원 해야 한다.

- 민원인이 담당 공무원의 정당한 응대에 불만을 가지고 '불친절 공무원 신고' 등으로 불이익 처분을 요구 시, 기관 차원(감사부서 등)에서 사실확 인 후 정당한 민원 처리에 대해서 민원 공무원에게 불이익 조치를 금 지해야 한다.

• 민원인의 폭행 등 위법행위에 대해 기관 차원에서 엄정 대응해야 한다.

① 행정기관이 주체가 되어 고소·고발 등 우선적 법적 조치

② 기관별 전담 대응팀(법무부서)을 지정하여 위법행위 발생 시 법적 대응 총괄

③ 민원인의 폭언·폭행 등으로 고소·고발 또는 손해배상 청구 등이 발생한 경우 민원 공무원을 지원하기 위한 조치로서 관할 수사기관 또는 법원에 증거물·증거서류 제출 등 필요한 지원

④ 민원 처리 과정에서의 행위와 관련하여 인사상 불이익 조치 등을 하려는 경우에는 그 발생 경위 등을 충분히 고려

고충 민원을 방지하는 개인 대응 기술: 커뮤니케이션 역량

많은 공무원이 스피치 교육을 받으러 오는 이유는 사실상 한 가지이다. 그것은 '말을 잘하고 싶어서'이다. 말은 '내용을 소리 내어 말하기'이거나 '소리에 내용을 담아 보내기'인데 이것을 더 잘하고 싶어서 온다. 말은 세 가지 요소에 의해 말하는 법이 결정되기도 한다.

> 첫째는 대상이 누구인가?
> 둘째는 장소가 어디인가?
> 셋째는 나의 역할은 무엇인가?

민원인과의 갈등 양상으로 이어지는 고충 민원의 경우, 민원의 내용보다는 민원인과 민원 담당자 간의 감정적 대결이 주를 이룬다. 그래서 고충 민원인을 대하는 민원 담당자가 꼭 알아야 할 응대에 꼭 필요한 기술이 '리더십 스피치, 즉 커뮤니케이션 역량'이다.

커뮤니케이션의 역량 5가지는 민원인의 마음을 여는 기술 '아이컨텍', 민원인을 존중하는 공직자의 표현력 '얼굴 표정', 민원인의 신뢰를 얻는 기술 '경청과 복창', 민원인을 안심시키는 특별한 마법 '보이스', 전문성을 돋보이게 하는 비법 '보디랭귀지'이다.

민원인의 마음을 여는 기술 '아이컨텍'

"친절을 넘어 당당하고 싶으시죠? 그럼 배꼽을 맞추고 눈을 보세요. 당황해서 할 말이 떠오르지 않는다고요? 그럼 두 눈 보다는 한 쪽 눈의 눈두덩이를 보세요."

실제로 민원인과의 대화에서 눈을 맞추는 것, 즉 시선을 맞춘다는 것은 아주 중요하다. 민원과 민원인이 종일 물밀듯이 밀려온다. 응대하는 공무원의 일과는 늘 같거나 비슷한 민원으로 채워진다. 그러나 같은 민원일지라도 그 민원을 가지고 오는 다양한 사람들에 의해 전혀 다른 민원이 되기도 한다. 다양한 민원인에 의해 전혀 다른 민원 상황이 되는 것이다.

고충 민원과의 갈등 선상에서 공직자로서 정년 은퇴까지 이렇게 일해야 한다는 것은 그리 유쾌하지는 않다. 현재도 공직자에 대한 인식은 나쁘지 않고, 직무 만족도가 높은 직업군에 속하고, 수십 대에서 수백 대 일의 취업 경쟁률을 가지고 있다. 앞에서 이야기했듯이 최근 공무원 연령대가 낮을수록 '자부심, 만족도'가 저조하다는 조사 결과가 있다.

강력한 신뢰의 눈빛 시선의 중요성

결론부터 이야기하자면, 신뢰는 바로 민원인과의 아이컨텍에서부터 시작한다. 아이컨텍은 '배꼽과 배꼽이 서로 바라보는 방향'에서의 눈맞춤이다. 민원 상황을 전투나 싸움에 비유하는 것은 적절치 않지만, 상대와의 대결 구도에서 기 싸움을 표현하는 "눈빛으로 제압한다."라는 말이 있다.

시선의 중요성을 이야기하는 표현으로 '메타버스(Metaverse, 현실 세계를 가상의 공간에서 구현하는 플랫폼을 의미하는 개념)'의 실패와 '가상현실(VR, Virtual Reality)'에서의 시선의 중요성에 관한 예를 들어보겠다. 2019년 코로나 팬데믹 상황에서 가장 무시무시한 말은 '사회적 거리두기'라는 표현이다. 중소벤처기업 일등 강사라는 타이틀이 무색할 정도로 나는 하루아침에 모든 대면 강의가 사라지면서 그야말로 실업자로 만든 말이 바로 '사회적 거리두기'이다. 차츰 시간이 지나며 온라인 강의 형태로 강의가 진행되면서, 제4차 산업혁명 메타버스 플랫폼이라는 기술까지 나오면서 강의의 패러다임이 바뀌나 했지만 그뿐이었다.

결국 강의에 있어서 온라인 강의는 나름 활발히 진행되어 대면 강의를 대체하며 성공적인 안착이 된 듯했지만 역부족이었다. 메타버스가 성공하지 못한 까닭은 강의 참여자와 강사와의 공감을 위한 '소통의 거리 좁히기'가 해결되지 못한 까닭이다. 즉, 메타버스의 실패 원인이 강사와 교육 참여자와의 눈 맞춤이 없는 소통의 부재가 그 원인이 아닌가 싶다.

온라인상에서 가장 활발한 산업은 게임 산업이다. 게임 산업의 미래는 가상 세계와의 접촉점을 다변화하고 가상의 공간에서의 장면과 캐릭터에 대한 몰입을 높이기 위한 연구가 다양하게 진행되고 있다. 장선희 교수의 논문 "VR 콘텐츠 사용자 시선 유동 방법에 관한 연구"(장선희, 한양대학교, 2019)를 보면 시선의 이동과 소리에 관한 흥미로운 연구 결과가 있다. 시선에 따른 반응속도는 최초 0.2초 이내에 시선이 맞춰지지만, 소리(음원)에 대한 반응속도는 약 1초 뒤에 일어난다는 것이다. 즉, 사람의 감각이 시선 그리고 소리 순서로 반응한다는 것이다.

시선 처리는 어떻게 해야 하나

의사소통에 있어서 눈을 맞춘다는 것은 아이컨텍으로 상대와의 대화의 채널을 맞추는 것으로 상대와의 대화를 여는 '마음의 창'이라고도 한다. 특히 검은 눈동자의 움직임에 따라 '눈빛'의 변화를 심리학적으로 다양하게 해석하기도 한다.

커뮤니케이션을 할 때 눈을 통해 얻을 수 있는 정보는 생각보다 많다. 흔히 눈을 '마음의 창'이라고 표현하는데, 이는 눈을 통해 상대의 감정 상태나 의중을 읽을 수 있기 때문이다.

> "인간의 흰 공막은 인류 집단이 공동의 목표를 이루기 위해 한곳으로 주의를 집중해야 할 때 중요한 역할을 했다."
>
> – 장대익, 《울트라 소셜》

인간의 눈은 지구상의 모든 동물 가운데 공막(흰자위) 부위가 가장 넓다고 알려져 있다. 그 이유는 눈동자의 움직임을 읽기 위해서인데, 인간 집단의 사회적 협력과도 연관이 깊다는 연구가 있다. 공막이 넓어야 눈동자가 어느 방향으로 움직이는지를 쉽게 읽을 수 있고, 그 방향에 따라 의중을 파악할 수 있게 된다.

몇 가지 예를 들자면, 대화할 때 상대가 나에게서 시선을 오래 두지 않고 빠르게 좌우를 살핀다면 탈출구를 찾고 있다는 뜻이다. '탈출구'라는 표현은 '이 상황에서 벗어나고 싶다.'라는 뜻으로 해석할 수 있는데, 이유는 매우 다양하다. 내 이야기에 흥미가 없을 수도 있고, 당신의 부탁에 난처함을 느낄 수도 있으며, 다음 약속 시간이 임박해 초조함을 느낄 수도 있다. 그러나 중요한 핵심은 지금 당신의 이야기가 전혀 귀에 들어오지 않고 있다는 사실이다. 대화에 전혀 집중하지 않고 있는데 당신이 아무리 중요한 이야기를 한들 기억에 남을까?

상대가 주변으로 자꾸 시선을 돌린다면 화제를 바꾸거나 직접적으로 무슨 급한 일이 있는지 물어봄으로써 다시 대화에 집중할 수 있게끔 만들어야 한다. 눈동자가 향하는 방향을 보면 상대가 무슨 생각을 하는지 어느 정도 짐작할 수 있다. 프로파일링에 있어 아주 기본적인 기술에 속한다. 눈동자가 정면에서 봤을 때 상대방 기준에서 좌측으로 움직인다면 과거를 회상하는 것이다. 반대로 우측으로 움직인다면 미래를 상상하는 것으로 추측할 수 있다. 이를 '눈동자 접근 단서(Eye Accessing Cue)*'라고 부른다.

---

* 서우경 저, 《무엇이 CEO를 만드는가》, 김영사, 2015.
　조셉 오코너 · 존 시모어 저, 설기문 외 역, 《NLP 입문》, 학지사, 2010.

▲ 미래를 상상하는 우측 시선　　　　▲ 과거를 회상하는 좌측 시선

"지난 일요일 저녁 어디에 있었어?"라는 형사의 물음에 용의자의 시선이 오른쪽 위로 향한다면 아마 그는 거짓말을 할 준비를 하고 있을 확률이 높다. 뇌가 전에 없던(아직 경험하지 않은) 시각적 이미지를 만들어내느라 눈동자가 자연스럽게 오른쪽 위로 향하는 것이다. 다만 시선이 우측을 향한다고 해서 반드시 미래를 상상한다고 단정 지어서는 안 된다.

대다수 사람의 시간관념은 좌에서 우로 흐른다. 이를 시간선이라 부르는 데 간혹 반대인 경우도 있다. 따라서 중요한 질문, 특히 거짓의 유무를 판별하기 위해서는 먼저 기준 질문을 통해 상대의 시간선이 어디를 향하는지부터 파악해야 한다. 민원 응대 시 민원인이 원하는 방향은 무엇인지(미래), 민원을 제기하기 전까지는 어땠는지(과거), 민원 제기의 현장의 공간 구조나 인테리어는 어떤지 등 일상적인 질문을 통해 시간선을 파악할 수 있다.

물론 눈을 똑바로 바라보지 않는다고 해서 단순히 수줍음 많고 소심하다고 볼 수만은 없다. 상대가 싫을 수도 있고, 그 상황에서 빨리 벗어나고 싶거나 생각이 딴 곳에 가 있을 수도 있다. 특히 거짓말을 할 때 눈을 못 마주친다고 하지만 이는 오해에 불과하다. 오히려 상대가 거짓말을 믿고 있는지를 확인해야 해서 눈을 더 똑바로 바라보기도 한다.

따라서 시선의 방향이 커뮤니케이션의 전부는 아니지만, 상대의 의도를 파악하는 데 중요한 단서가 되는 것은 분명하다. 시선을 비롯해 보디랭귀지와 대화 내용까지 모든 요소를 종합적으로 판단하려는 노력이 필요하다.

시선에 많은 단서가 들어 있다는 말은 커뮤니케이션에서 시선의 중요성이 크다는 말과 일맥상통한다. 민원인과의 원만한 관계 형성을 위해서는 민원인과의 적절한 눈 맞춤이 필요하다. "나는 지금 당신의 말에 귀 기울이고 있습니다. 그 이야기는 굉장히 중요한 것이군요."라는 메시지를 말로 하는 것이 아니라 눈(시선의 방향)으로 표현하는 것이다. 나의 진실성과 자신감을 어필하기 위해서도 아이컨텍은 필수 요소에 속한다. 또한 상대가 내 말을 어떻게 받아들이고 있는지, 그래서 대화의 방향을 어떻게 끌어내 가야 할지를 모니터링하기 위해서도 아이컨텍은 중요하다.

진정한 리더십이 발현되기 위한 여러 요건의 핵심에도 아이컨텍이 있다. 진정으로 마음이 통하는 리더임을 어필할 때는 백 마디 말보다 진심을 담은 눈빛이 훨씬 더 효율적인 전달 수단이 된다. 반대의 예로, 역사 속 독재자들은 대중 매체에서 낮은 앵글로 올려다보이도록 촬영해 권위를 만들었다. 동시에 선글라스로 눈을 가려 대중들과 감정적 소통 창구를 원천적으로 차단했다. 정보는 입과 귀로 통하지만, 마음은 눈이라는 창문을 통해 오간다.

시선 처리는 민원 응대에 있어서 신뢰감 형성에 큰 비중을 차지한다. 그렇다면 대화하면서 상대를 어떻게 봐야 할까? 아이컨텍을 하라고 해서 반드시 상대의 눈만 뚫어지게 보라는 뜻은 아니다. 내 인상과 눈매에 따라 호전적으로 보일 수도 있고 도전 혹은 적개심, 반항, 의심 등을 갖고 있다는 오해를 살 수도 있기 때문이다.

상황별 아이컨텍 방법

① 일반 대화 시

대화할 때는 상대의 눈을 보되 코와 귀, 입술, 턱 등 상대의 얼굴을 고루 봐야 한다. 이는 빠르게 친밀감을 형성하는 방법이기도 하다. 실제 커뮤니케이션 훈련 과정에서 서로 마주 앉은 다음 눈을 감고 있는 상대의 머리부터 눈, 코, 귀, 입 등 얼굴 각각의 부위를 유심히 보게 한다. 교대로 눈 감은 상대를 관찰하게 한 후 대화하게 하면 이전보다 훨씬 더 깊은 친밀감을 느끼게 된다.

② 보고나 발표 시

보고나 발표의 경우 일대일 대화와는 시선 처리 방법이 완전히 다르다. 이 한 가지만 기억하면 된다.

'1 message per 1 person(메시지 하나당 한 사람을 보라)'.

이때 '하나의 메시지'라고 함은 반드시 '한 문장'을 의미하지는 않는다. 예를 들면, 자기소개를 할 때 태어난 곳, 성장 환경, 졸업한 학교, 지금 하는 일 등의 내용에 따라 적절히 고개를 돌려 각기 다른 사람과 눈을 마주치며 이야기를 이어 나가는 식이다. 그러나 문장이 바뀔 때마다 매번 다른 사람을 보게 되면 청중은 오히려 불안하고 산만한 느낌을 받을 수 있으니 주의해야 한다.

아이컨텍 연습법

공무원 중에서도 낯가림이 심해 상대를 제대로 못 보는 경우가 꽤 많다. 이런 경우 시선의 방향에 따라 미묘하게 심리가 변하는 걸 느낄 수 있는데, 이렇게 연습해 보면 된다.

먼저 상대의 왼쪽 눈을 보면서 이야기를 해 본다. 그다음 오른쪽 눈을 보며 다시 이야기를 이어 나간다. 둘 중 어느 쪽이 더 편하게 말이 나오는지 느껴보고 편한 쪽 눈을 보며 대화를 이어가면 된다. 쉽고 단순한 방법이지만 의외로 대화의 긴장을 줄여 주고 어느 정도의 심리적 안정감을 준다. 이를 통해 민원 응대 상황에서도 준비했던 말을 좀 더 편하게 할 수 있게 된다.

평소에도 상대를 보는 훈련을 꾸준히 할 필요가 있다. 기본적으로 상대를 응시하는 훈련인데 연습은 마주하기 편한 사람, 즉 가족이나 친구를 대상으로 하는 것이 좋다.

먼저 상대가 잠시 눈을 감고 있도록 한 다음 이마를 응시한다. 잠시 후 눈썹, 눈, 코, 입술, 턱까지 얼굴 부위를 천천히 그리고 지그시 바라본다. 공무원 민원 응대 교육 과정에서 교육생끼리 친밀도를 높이는 방법으로 쓰이는 이 훈련은 기본적으로 대화에 있어 긴장감을 완화하고 아이컨텍을 보다 편하게 할 수 있도록 돕는다.

자 충분한 연습을 했다면 이제 민원인을 만나보자.

일반적인 민원 응대 요령(방문 민원)

[**일반적인 민원 응대 요령**(방문 민원)]

01 민원인이 민원실에 들어오면 가볍게 눈을 맞춘 후 인사한다(상담 중 민원인 과의 마찰 또는 갈등이 발생할 우려가 있는 경우에는 부서장 또는 상급자가 적극적으로 개입하여 민원인을 진정시키고 갈등을 해소할 수 있도록 노력한다).

02 민원인의 방문 목적을 확인하고 민원 처리 또는 상담을 진행한다.

03 민원인의 질문과 요구를 적극적으로 해결하기 위해 노력한다(자신의 업무 범위만 내세워 소극적으로 대처하지 않음).

04 처리에 시간이 걸리는 민원은 소요 시간과 절차 안내한다.

05 민원인이 돌아갈 때, 정중하게 인사한다.

민원 가이드에서는

1. 민원인이 민원실에 들어오면 가볍게 눈을 맞춘 후 인사한다.
2. 민원인의 방문 목적을 확인하고 민원 처리 또는 상담을 진행한다.
3. 민원인의 질문과 요구를 적극적으로 해결하기 위해 노력한다.

① 민원인이 민원실에 들어오면 가볍게 눈을 맞춘 후 인사한다.

사실 가볍게 눈을 맞춘 후 인사라고는 하지만, 물밀듯 들어오는 민원인을 상대로 일일이 인사를 할 수는 없다. 그렇지만 나에게 볼일이 있어 들어온 민원인에게는 인사를 해야 하는데, 눈을 맞추고 인사를 한다는 것에서 중요한 것은 머리를 돌려 인사가 아닌 배꼽이 민원인에게 향하도록 하고 눈을 맞추는 게 중요하다. 아이컨텍에 있어서 가장 중요한 것은 배꼽의 위치인 셈이다.

② 민원인의 방문 목적을 확인하고 민원 처리 또는 상담을 진행한다.

민원 업무에서 민원인의 방문 목적을 정확히 파악하는 건 너무나 당연한 일이지만, 때로는 특정 시기에 맞물린 폭증하는 민원에 대해서 예측이나 예단해서 민원을 처리해서는 안 된다는 의미이다. 민원인은 민원 처리에 있어서 서툴 수도, 처음일 수도 있지만, 누구보다 민원 처리의 생리를 잘 아는 경우가 있으니 방문 목적에 따른 민원 처리 시작이 중요하다.

③ 민원인의 질문과 요구를 적극적으로 해결하기 위해 노력한다.

적극적으로 민원을 해결하는 것이란? 의지를 보여주는 노력이 필요하다. 앞에서 말했듯 아이컨텍을 하는 것, 표정 관리를 통해 의지를 보여주려는 노력이 민원인으로서는 적극적으로 문제를 해결하려는 것으로 느끼는 지점이다.

🔵 민원인을 존중하는 공직자의 표현력 '얼굴 표정'

코로나19 시대를 살아가면서 가장 영향력 있는 의사이자 방송인으로 여겨지는 유명인이 있다면 바로 오은영 정신건강의학과 의사이다. 코로나19를 지나며 '코로나 블루', '롱코비드증후군' 등의 말들이 생겨나며, 코로나로 인해 몸이 아픈 건 둘째치고, 마음조차 지쳐버린 사람들에게 마음의 병들을 치료하는 전문가가 중에 바로 오은영 씨가 있었다. 이런 오은영 씨는 상대와 말할 때 "열심히 말해야 한다."라고 한다. 이때 '열심히'에 해당하는 것이 바로 '표정'이다. 오은영 씨는 이렇게 말했다.

> "기쁜 이야기를 하는 사람에게 축하를 건네며 무덤덤한 표정이나
> 씁쓸한 표정을 짓는다면? 상대는 '이 사람이 나의 기쁨을 못마땅
> 해하는구나.'라고 생각할 수 있어요. 이런 오해는 진심과는 상관
> 없이 비언어 행동, 즉 표정이 주는 뉘앙스 때문에 생겨나는 거라
> 서 말만큼이나 표정도 무척이나 중요합니다."

앞에서 말한 아이컨텍, 즉 시선 처리가 사람과의 채널을 맞추는 것이라면, 표정은 대화에 참여하는 민원인에 대한 나의 마음 상태를 보여주는 것이다.

• 코로나블루
코로나바이러스 19와 우울감을 뜻하는 블루가 합쳐진 코로나 시대에 만들어진 새로운 용어이다. 코로나블루에서 '블루'가 의미하는 것은 '우울감, 우울한 기분'을 의미한다.

• 롱코비드 증후군
코로나19에 따른 후유증을 이르는 말로 목의 통증, 이물감, 호흡곤란, 기침, 피로감, 가슴 통증, 후각 혹은 미각의 상실, 집중력 저하, 기억력 저하, 수면 저하, 우울과 불안 등의 증상이 대표적이다.

민원인: 우리 집 앞에 가로수가 있잖아요.

공무원: 네, 가로수 말씀이시죠?

민원인: 가로수가 간판도 가리고, 전선 안전 문제가 걱정돼요.

공무원: 가로수가 간판도 가리고, 전선 안전 문제로 조치가

　　　　필요하다는 말씀이시죠?

'민원인이 한 말을 이용해서 듣고, 민원인이 한 말을 이용해서 답한다.' 민원인과 대화에서 상대를 인정하고, 신뢰를 줄 수 있는 가장 쉬운 방법은 바로 상대가 이야기한 말을 이용해서 듣고, 상대가 한 말을 이용해서 답하는 것이다. 위의 예시 "가로수 말씀이시죠?" "가로수가 간판도 가리고, 전선 안전 문제로 조치가 필요하다는 말씀이시죠?" 등과 같이 민원인의 말을 이용해서 답하는 식이다.

민원인이 사용한 말을 사용하면, 첫째로 잘 듣고 있다는 반응을 보일 수 있고, 둘째로 그 문제를 제대로 접수하였다는 확신을 준다. 이것이 민원인의 신뢰를 얻는 경청과 복창의 매력이다.

경청과 복창

말을 잘 듣는 데에도 기술이 필요하다. 우리는 말하는 사람보다 말을 잘 들어주는 사람을 더 좋아한다. 왜 말을 잘 들어주는 사람을 더 좋아할까? 그것은 바로 '환대받고 대접받고 있다.'라는 느낌을 주기 때문이다.

대부분 사람은 상대에게 답을 원하지 않는 경우가 많고, 답을 알고 질

문하는 때도 많다. 그런데도 대화를 시도하는 까닭은 소통이라는 관점에서 볼 때 문제 현상을 파괴하지 않고, 나의 상태를 드러냄으로 관계성을 통해 함께 해결하는 연대를 가지는 것이다. 결국 사람들은 외로운 상황으로 내몰리는 것을 싫어하는 까닭이다.

민원인의 관점에서 일반 민원의 경우, 문제 해결에 본질이 있겠으나 고충 민원의 경우 민원이 해결되지 않을 수 있다는 사실을 본인도 알고 있는 경우가 많다. 혹은 민원이 자기 뜻대로 해결되지 않는다는 것을 알고 있다. 그래서 들어주는 것이 중요하다.

경청에 관한 책 《마음을 사로잡는 경청의 힘》(래리 바커, 키티 왓슨 저, 이아소, 2013)에서는 듣는 것은 "PIER 모델에 따라 반응해야 한다."라고 말한다. 듣는다는 것은 인지(Perceiving), 해석(Interpreting), 평가(Evaluating), 반응(Responding)의 단계를 거쳐서 말을 하기 마련인데, 인지 단계에서 해석은 건너뛰고 성급하게 평가한 다음 섣불리 반응하는 경향이 있다. 가만히 듣고만 있다고 해서 잘 듣는 것이 아니다.

잘 들으려면 잘 반응해야 하고 말하는 사람의 의도를 확인하는 질문 등을 해야 한다. 그렇다면 상대가 잘 듣고 있다고 생각하게 만드는 경청의 팁을 살펴보자.

① 고개 끄덕이기와 눈썹 움직이기

기본은 고개를 끄덕이는 데서 출발한다. 끄덕끄덕하며 '아' 하는 감탄사 정도만 써도 좋다. 이 정도는 누구나 할 수 있는 기술이다.

하지만 진짜는 지금부터다. 고갯짓이 익숙해지면 이번에는 눈썹에 신경쓸 차례다. 당신이 이야기하면서 단지 눈썹을 잘 움직여 주기만 해도 상대는 이야기에 더욱 쉽게 몰입한다.

이야기를 들을 때에도 마찬가지이다. 눈썹으로 반응을 보여주면 상대 또한 자기 말에 귀 기울이고 있음을 느낀다. 새로운 주제에 대해서는 눈썹을 살짝 들어 눈을 크게 키워 '더 많은 정보를 기다린다.'라는 메시지를 전달할 수 있다.

양쪽 미간을 아주 살짝 찌푸려 눈을 가늘게 뜨면 '나는 당신의 이야기에 집중하고 있다.'라는 메시지를 전할 수 있다. 이 두 가지만 기억해도 충분히 경청을 잘한다고 볼 수 있다.

② 심리를 파고드는 전문 기술, 페이싱(Pacing, 맞추기)

지금부터는 심리적 측면에서 더욱 전문가의 영역에 속하는 기술이다. 페이싱은 다른 말로 '맞추기'라고 하며 민원인(내담자)와 같은 관점에서 말, 음성, 행동 반응을 사용하여 맞추어 나가는 것을 말한다.

민원인이 주로 사용하는 단어나 표현을 사용하여 말하는 어조나 속도에 비슷하게 반응하거나 호흡에 맞추어 같이 호흡하기도 하고, 특징적인 몸짓이나 행동에 맞추어 함께 반응하면 된다. 페이싱은 고개 끄덕이기와 눈썹 움직이기와 함께 말과 보디랭귀지를 통해 상호 교감을 증폭시키는 역할을 한다. 쉽게 활용할 수 있으면서도 효과는 굉장한 기법으로 다음의 네 가지가 유용하게 쓰인다.

페이싱 종류	페이싱 내용
일치시키기 (Matching)	마주 앉은 상대가 오른손을 들면 나도 오른손을 드는 식이다. 식사하면서 상대가 먹은 반찬을 뒤이어 따라 먹는다든지, 상대의 행동을 따라 하게 되면 일치감을 느끼고 함께한다는 기분을 갖게 된다.
거울 반응하기 (Mirroring)	일치시키기와 같은 맥락인데 이번에는 거울처럼 반응하는 방법이다. 상대방이 오른손을 들면 나는 왼손을 들어 마치 거울과 같은 역할을 하는 것이다.
교차 거울 반응하기 (Cross-over Mirroring)	상대방과 서로 다른 신체 부위나 수단을 씀으로써 맞추는 방법이다. 상대가 머리를 만지면 잠시 후 나는 이마를 살짝 만지는 것이다. 앞의 세 가지 방법은 대화와 병행하면서 무의식으로 공감대를 형성하고 일치감을 느끼게 하는 효과가 있다. 즉, 이러한 기술을 잘 활용하면 쉽게 호감도를 높일 수 있다. 다만, 주의할 점은 이러한 행동이 너무 티가 나면 안 된다는 점이다. 오히려 자신을 따라 하는 나의 행동이 불쾌감을 주거나 거부감이 들게 할 수도 있다. 모든 행동을 다 따라 하지 않고 간헐적으로 자연스럽게 해야 한다.
백트래킹 (Backtracking)	앞의 세 가지 방법은 행동 기술에 속하고 백트래킹은 대화 기술에 속한다. 사용하기 쉬우면서도 매우 강력한 기술이다. 상대가 방금 했던 말의 일부를 되돌려주면 된다.

민원인: 우리 집 앞에 가로수가 있잖아요.

공무원: 네, 가로수 말씀이시죠?

민원인이 집 앞의 가로수에 관해서 민원을 제기하려고 한다. 단지 이 정도만으로도 민원인은 공무원이 자기 말에 귀 기울이고 있다고 느낀다. 백트래킹의 핵심은 대화 중간중간에 상대가 말한 어떤 핵심 단어를 맞장구치듯이 그대로 되풀이하여 말하는 것이다.

A: 불법 주차 때문에 차를 못 뺐어요.
B: 차를 못 뺐다고요?
A: 그렇다니까.

A: 결국 대화에서 상대의 진심을 끌어내는 비결은 경청이야. 잘 들어주는 거.
B: 우와 비결이 경청에 있었군요? 그렇다면 경청에도 특별한 방법이 있나요?

각각의 상황에서 B는 A의 말에서 동사 혹은 단어 일부를 되풀이해서 말하고 있다. 일종의 맞장구다. 뭉뚱그려 "어머 진짜?", "그랬구나."라는 식의 추임새도 맞장구에 속하지만 이렇게 상대가 했던 말 일부를 돌려주는 백트래킹 방식은 더욱 세련되고 정교한 방식의 맞장구에 속한다. 백트래킹은 무의식을 통해 상대에게 이러한 메시지를 전달한다.

"저는 지금 당신의 말을 경청하고 있어요."
"저는 적극적으로 이 대화에 참여하고 있습니다."

그리고 상대는 그런 내 모습을 보며 더욱 신이 나서 대화를 이어가게 된다. 페이싱을 훈련하는 방법은 간단하다. 토크쇼나 토론 프로그램을 보며 인터뷰에 응하는 게스트와 같은 동작을 취해보는 것이다. 행동을 하나 하나 따라 하다 보면 게스트가 어떤 생각, 어떤 감정을 느끼고 있는지 자연스럽게 느낄 수 있는데, 이때 자세를 바꾸며 기분이 어떻게 달라지는지 주의 깊게 살펴보면 좋다.

③ 기타 경청의 팁

아무리 경청하려 애를 써도 자꾸 딴생각이 들 때가 있다. 그럴 땐 잠시 자신의 호흡에 집중을 해보면 이내 상대의 말이 귀에 들어오기 시작한다.

또 한 가지 방법이 있다. 눈을 최대한 천천히 감았다가 다시 천천히 뜬다. 다음에는 특정 사물이나 대상을 지정해서 눈을 천천히 감았다 떠본다. 처음에는 이마저도 집중이 어려울 수 있다. 하지만 이 과정을 반복하다 보면 눈에 집중하게 되면서 경청하는 데 도움이 된다.

여러 가지 기술을 나열했는데, 경청의 기술을 제대로 사용하기 위한 핵심은 따로 있다. 바로 '상대에 관한 관심'이다. 상대에게 관심을 가지면 자연히 그의 어떤 말도 귀 기울여 듣게 된다. 나아가 겸허하고 넓은 마음으로 상대를 있는 그대로 인정하고 이해하며 받아들일 준비만 되어 있다면 굳이 특별한 기술이 없어도 가장 자연스러운 표정과 보디랭귀지가 나온다. 경청에 있어 정작 살펴야 할 부분은 내가 평소에 사람들을 어떠한 마음으로 대하고 있는가에 있다.

말을 잘 들었다면 말한 사람의 의중을 확인하고 답을 할 차례이다. 앞에서 잠깐 살펴보았듯이 '복창'이 필요하다. 군대에 입소하면 가장 많이 듣는 이야기가 복창이다. 복창은 내용을 숙지하고 있는 것에 대한 참여자에게 확인하는 행위이다.

민원에 관해서도 민원인의 요구사항을 확인하고 민원을 해결할 필요가 있다. 가령 "허가확인서의 도장을 어디에 찍어야 하나요?"라는 민원인의 질문에 "허가확인서의 도장을 어디에 찍어야 하는지 물으셨죠? 여기 서명란 옆에 찍으시면 됩니다."라고 질문을 확인하고 답을 주는 습관은 민원인이 질문을 잘 들었음과 정확히 문제를 파악하고 있음을 알려주는 습관이다.

🔵 민원인을 안심시키는 특별한 마법 '보이스'

진정성 있는 목소리 만들기

> '자신이 이야기하는 것에 가슴과 정신을 담아라. 진실한 감정이야
> 말로 세상에 어떤 스피치보다 큰 효과를 가져다준다.'

"에너지는 자석과도 같다. 열정적인 사람의 옆에는 가을 들판의 거위 떼와 같이 많은 사람이 모인다."라는 말이 있다. 스피치 학원이나 보이스 트레이닝에서는 상대방이 듣기에 좋은 목소리를 만드는 방법을 알려준다. 쉽게 표현하면 내가 바라고 원하는 목소리는 훈련에 의해 만들 수 있다는 것이다.

그러나 진정한 의미에서의 좋은 목소리란 진심이 묻어나는 목소리이다. 진심이 느껴지는 목소리는 사람의 마음을 움직이는 목소리를 말한다. 좋은 목소리를 가지고 있어도 말투 화법, 곧 감정 등에 있어 호감이 가지 않는다면 좋은 목소리라고 할 수 없다. 그렇다면 지금부터 진정성 있는 목소리 만들기에 대해 알아보자.

뉴욕 주립대 레이먼드 헌트(Raymond Hunt) 교수는 사람의 목소리를 듣고 그의 성격과 기질을 판단할 수 있는지 알아보는 실험을 진행했다. 실험 참가자들에게 상황에 따라 몇 사람의 목소리를 들려주고 그가 어떤 성격의 사람인지를 판단해 보도록 했다. 결과는 어땠을까? 헌트 교수의

실험에 따르면 참가자들은 목소리만 듣고도 그 사람의 기질을 거의 정확하게 판단할 수 있었다.

이와 비슷한 실험이 하버드 대학에서도 있었는데, 청중의 80% 이상이 목소리만 듣고도 상대의 신체와 성격을 규정지을 수 있었다고 한다. 목소리만 듣고도 진정성을 느낄 수 있다는 말이다.

그렇다면 진정성 있는 목소리는 어떻게 만들 수 있을까? 진정성 있는 목소리에는 열정과 신념 가치와 의지, 어릴 적부터 지금까지 살아온 경험 등이 느껴져야 한다. 이것이 진심으로 들리는지 아닌지는 말을 하는 사람의 눈빛, 보이스, 몸짓 언어에서 전해질 것이다. 진정성 있는 목소리 연출에서 가장 많이 하는 훈련 중 하나가 감정연습과 명대사 따라하기이다.

평소 감정 훈련을 하면 진정성 있는 매우 호소력 있는 목소리를 낼 수 있다. 같은 단어지만 감정의 재료를 다양하게 활용하면 느낌이 달라진다. 감정 훈련을 하다 보면, 말과 목소리의 다양한 느낌들이 여러 형태로 나타나고 자신에게 이런 목소리와 감정을 표출할 수 있다는 것에 놀라움을 갖게 될 것이다.

즐겨보는 드라마나 영화가 있다면 명대사 한 부분을 따라 하는 것이 도움이 된다. 드라마 "낭만 닥터"에서 김사부 역을 맡은 한석규 씨의 명대사로 감정이입을 해 본다. 우선 어떤 감정의 재료를 넣으면 좋을지 목독을 통해 내용을 파악해 보자.

"진짜 복수 같은 걸 하고 싶다면 그들보다 더 나은 인간이 되거라. 분노 말고 실력으로 되갚아줘. 알았니? 내가 바뀌지 않으면 아무것도 바뀌지 않는다."

김사부하고 똑같을 수는 없다. 감정이입을 다시 해도 어색할 것이다. 그래도 우리는 계속해야 한다. 진짜 의사라고 생각하고 후배에게 진심 어린 조언을 해 보자. 다시 한번 감정이입을 하면 처음보다는 점점 더 괜찮아질 것이다.

이번에는 같은 단어에 여러 가지 감정들을 넣어서 감정이입 훈련을 해 보자. "그녀가 떠났어."라는 문장이다. 매우 단순하다. 자 '그녀가'의 다양한 감정 재료를 넣고 말해 보자.

애교 있게 "그녀가"

박력 있게 "그녀가"

정중하게 "그녀가"

비아냥거리며 "그녀가"

슬프게 "그녀가"

살갑게 "그녀가"

전문성 있게 "그녀가"

같은 단어인데 느낌은 다르다. 이때 목소리뿐만 아니라 표정도 같이 연출해 주어야 감정이입이 훨씬 더 잘 된다. 표정이 목소리에도 영향을 미치기 때문이다.

지금까지 진정성 있는 목소리 만들기 '대사 따라하기'와 '감정이입' 훈련을 해보았다. 이런 말이 있다. "매 순간 진실하십시오." 진실한 공무원만이 민원인의 마음을 움직일 수 있다. 진실한 공무원의 마음과 모습에 민원인들은 감동할 것이고 행동의 변화가 일어날 것이다.

민원인과 대화할 때 내가 하는 말에 집중한다면 얼마나 좋을까? 그러나 불행히도 현실은 그렇지 않다. 민원인도 자신이 하고 싶은 바를 머릿속으로 떠올리느라 내가 전달하고 싶은 뜻에 집중하지 않을 가능성이 크다. 따라서 민원인을 집중하게 만들려면 특별한 방법이 필요하다. 그 특별한 방법은 민원인 응대 시 처음 하는 한마디이다. 이 한마디가 분위기를 바꿀 수 있기 때문이다.

따라서 나의 말에 집중하게 만드는 가장 좋은 방법은 바로 "선생님", "OOO님" 등 상대방 중심의 단어로 시작하는 것이다. 상대방 중심의 단어로 시작하면 상대방은 나에게 신경을 쓰고 있거나 마음을 쓰고 있다고 생각하게 된다. 실제 서비스 분야의 직원들은 고객 상담 시 적절한 시기에 고객의 이름을 친근감 있게 "고객님"이 아닌 "OOO 고객님"으로 호칭하기도 한다.

비즈니스에서도 마찬가지이다. 미팅 때 서로 명함을 교환 후 친밀감 형성을 위해 적절한 시기에 상대방의 이름을 직급과 함께 호칭하기도 한다. 단 상대방의 이름을 부를 때에는 목소리의 이미지가 긍정적이어야 한다. 이때 목소리 연출이 매우 중요한데 대상과 상황에 따라 목소리를 부드럽게 할 것인지 전문성 있게 할 것인지 이런 등에 따라서 상대방이 받아들이는 느낌이 달라진다.

가장 집중이 안 되는 목소리는 변화가 없는 목소리이다. 일정한 톤으로 밋밋하게 말을 하면 민원인은 '귀찮아하는구나' 혹은 '불친절하구나'라고 생각할 수도 있다.

반면, 말의 강약 말의 속도 음의 높낮이 등이 음악처럼 감칠맛 나는 목소리가 있다. 그런 소리를 리듬감 있다고 한다. 시작 음을 낮게 시작했다면 다음은 높게 그다음은 낮게 곡선을 타며 이야기하는 것이 민원인을 집중시키는 가장 좋은 강약 조절법이다. 이렇게 하면 목소리가 작더라도 선명하게 들리게 된다. 리드미컬한 운율은 듣는 사람의 귀를 자극하고 주의를 집중시키고 말의 강약이 있으면서 열정적이고 또 적극적인 사람으로 느껴지게 만드는 효과가 있다. 목소리는 이미지에 영향을 미치고 어떤 사람인지를 판단하게 한다.

이제 민원인을 나에게 끌어당기고 싶다면 말의 속도를 최대한 늦추고 톤도 낮춰서 말해 보자. 또한 전문성과 신뢰감을 주기 위해 크고 힘 있는 목소리로 말해 보자.

아래 예시문에서 내용 파악 후 어디서 쪼개기를 하고 강조할 것인지를 체크해 보자.

"미래를 신뢰하지 마라. 죽은 과거를 묻어 버려라. 그리고 살아 있는 현재에 행동해라."

'미래를 신뢰하지 마라'에서 '미래를'은 높이고 '신뢰하지'에서 낮추고 '마라'는 종결어미이므로 낮춘다. 이런 식으로 높였다. 낮췄다 리드미컬하게 운을 이렇게 조율하면서 낭독하면 된다. 다시 한번 해 보자.

"미래를 신뢰하지 마라. 죽은 과거를 묻어 버려라. 그리고 살아 있는 현재에 행동해라."

첫음절에는 악센트를 주면서 말에 강약을 주고 말의 속도도 조율하면서 낭독하면 말하는 사람도 듣는 사람도 몰입하게 된다. 이것이 목소리의 힘이다.

손동작을 곁들여서 연습해도 좋다. 손을 위에서 아래로 또 아래서 위로 올리면 말을 해 본다. 손동작과 함께하면서 강약 조절이 되는지 음의 고조가 되고 있는지 훨씬 더 정확하게 확인할 수 있다.

누군가에게는 그 어떤 말이 큰 가치를 지닌다. 말의 내용에 힘을 실어주는 것이 목소다. 리더라면 이미지 메이킹 만큼 중요한 것이 목소리일 것이다. 내가 하는 말에 민원인이 몰입하고 도움이 될 수 있도록 '매일 하루 10분 목소리 훈련'을 꼭 하길 바란다.

전문성을 돋보이게 하는 비법 '보디랭귀지'

몸짓을 알면 민원인의 부정성을 해제할 수 있다

민원인과 대화할 때 반대의 의견이 생기는 경우가 종종 있다. 대부분 사람은 상대의 의견과 자신의 의견 대립에 관한 해답을 찾으려 한다. 그러다 보니 상대의 이야기를 계속 경청하기가 어려워진다. 조금 전 던져진 문제의 해답을 찾으려는 습성으로 인해 상대 이야기보다는 내 머릿속의 생각에 더 집중하게 되기 때문이다. 그로 인해 비판적 사고의 몸짓을 하게 된다. 이때 빠르게 비판적 사고의 몸짓을 인지하고 해제해야 한다. 왜냐하면 비판적 사고를 할 때 몸짓에서는 개방된 마음가짐이 생기기 어렵기 때문이다. 따라서 상대의 방어적이거나 비판적인 감정을 해제하려면 그 몸짓을 먼저 해제하는 것이 순서이다.

비판적 사고의 순간 나타나는 몸짓, 무엇인가 누설하지 않으려는 몸짓, 감추려는 몸짓 혹은 불편함이 표현되는 몸짓이 관찰되었을 때는 간단한 방법으로 부정의 상황을 해제할 수 있다. 바로 질문하는 것이다. 상대에게 질문을 던지는 간단한 행동만으로 엄청난 효과를 가져올 수 있다.

우리가 민원인에게 쉽게 질문을 하지 못했던 이유는 첫 번째, 몸짓 자체를 인지하지 못해 상대가 어떠한 감정을 느끼고 있는지 알 수 없었기 때문이다. 두 번째, 상대의 몸짓을 인지했지만 몸짓을 먼저 해제하지 않으면 감정이 해제되지 않는다는 사실을 모르고 있기 때문이다.

민원인이 여러분의 말에 비판적으로 생각하고 있는 모습이 관찰될 때는 어떤 주제를 말했을 때 이러한 모습이 관찰되었는지를 다시 생각해보고 질문을 해 보자. "어떻게 생각하세요?" 이 간단한 질문을 통해 민원인은 눈치 보지 않고 솔직한 심정을 말할 수 있고 질문에 답을 하려는 특성상 어떠한 이야기라도 솔직히 표현하게 될 것이다. 이렇게 질문을 던질 수 있는 공무원이야말로 인간관계가 다른 것은 어찌 보면 당연한 일이다.

나의 이야기에 비판적 사고의 모습이 관찰되었을 때 질문을 건네도 좋고, 상대에게 빈 손바닥을 펼쳐 보이며 다음과 같이 질문하는 것도 아주 훌륭한 방법이다.

"더 하고 싶은 말씀이 있는 것 같은데요."

말하는 사람이 빈 손바닥을 상대에게 내밀며 "더 하고 싶은 말씀이 있는 것 같은데요."라고 말하면, "나도 당신을 돕고 싶은 마음으로 대하니 당신도 나에게 친절히 대해 주세요."라는 비언어적인 사인을 보내는 것이다. 민원인은 여러분이 관심 많고 배려를 잘하는 사람이라고 느끼게 될 것이다. 그리고 이러한 태도는 민원인에게 아주 강력한 장점으로 작용할 것이다. 누가 봐도 불편해 보이지만 괜찮다고 말하는 사람들을 우리는 주변에서 많이 본다. 따라서 상대의 불안하고 불편한 마음만 잘 알아줘도 민원 응대는 훨씬 더 포근해질 수 있다.

주도권을 가져오는 보디랭귀지

거만하고 잘난 척하는 사람을 좋아하는 사람은 없다. 그러나 아이러니하게도 이런 꼴 보기 싫은 사람들은 어디를 가나 꼭 한 명씩은 있다. 보통 거만하고 잘난 척을 하는 방법은 두 가지가 있다. 하나는 언어적으로 본인의 잘난 점을 계속 떠들어대는 경우이고 다른 하나는 태도나 자세로 인해 비언어적으로 거만함이 드러나는 경우이다. 물론 두 가지 방법을 모두 사용해 거만하게 구는 사람들도 있다.

언어적으로 잘난 척을 하는 사람은 비호감이고 꼴 보기 싫은 이유가 객관적이고 명확하게 드러나기 때문에 주변에 있는 사람들도 그 사람에 대해 같은 인상을 받는 경우가 대부분이다. 그러나 비언어적으로만 거만함을 드러내는 사람들은 설명할 수 없는 무엇인가가 있다. 비호감이고 보기 싫은 이유가 명확하게 드러나지 않지만 이런 사람들을 만나고 나면 불편하고 불쾌한 감정들이 강하게 남는다.

왜 그런지 뭐라고 딱히 설명할 수 없는데, 만날 때마다 불편하다. 입으로는 아무리 겸손한 척을 하고 있어도 그들의 몸짓에서 거만함이 드러나면 우리의 뇌는 몸짓을 더 신뢰하기 때문에 그의 거만함은 곧 그가 가진 태도를 대변하게 된다.

거만하게 느껴지는 사람들은 다음과 같은 자세를 자주 한다. 의자에 뒤로 기대듯이 앉아서 다리를 넓게 벌리는 자세, 기대어 앉아 다리를 꼬아 4자 형태의 다리를 만드는 자세, 기대어 앉아 양손으로 뒷머리를 받치고 어깨를 날개처럼 편 자세 이와 같은 몸짓들이 거만하게 느껴지는 데에는 이유가 있다.

우리가 상대를 무관심으로 대하거나 가까워지지 않으려 할 때 또는 함께 어울리지 않으려고 할 때 무의식적으로 사용하는 몸짓이기 때문이다. 상체를 뒤로 젖혀 굳이 가까이에서 들여다보지 않겠음을 드러내고 동시에 상대방이 쉽게 다가올 수 없도록 다리를 4자로 꼬아 몸을 크게 보이며 '다가오지 마시죠.'라는 의미를 전달한다. 그리고 양손을 머리 뒤에 받쳐 몸을 확장하고 뾰족한 팔꿈치를 측면에 배치하고 잘 보이도록 만들어 공격적인 메시지를 전달한다. 동시에 머리를 받치기 위해 묶여 있는 손을 통해 손을 대지 않겠다. '손을 쓰지 않겠다.', '급하지 않다.', '중요하지 않다.' 등의 메시지를 전달한다.

그렇다면 이렇게 거만한 자세로 나오는 민원인은 어떻게 상대할 수 있을까? 방법은 생각보다 매우 간단하다. 몸을 앞으로 기울일 수밖에 없는 상황으로 만들면 된다. 몸을 앞으로 기울이게 되면 넓게 벌렸던 다리를 오그려야 하고 4자로 올리고 있던 다리는 내려야 몸을 편하게 앞으로 기울일 수 있다. 이때에는 서류 등 읽을거리를 상대방의 앞 테이블에 내려놓아서 몸을 앞으로 숙여야 읽을 수 있도록 유도한다. 상대가 뒷머리를 받치고 손을 내릴 생각이 없어 보인다면 읽을거리를 테이블 위에 올려놓는 대신 상대에게 직접 건넨다. 그 서류를 받으려면 상대는 자연스럽게 목덜미를 받치고 있던 손을 내릴 수밖에 없게 된다.

거만한 민원인을 보면 거부감이 생길 수도 있다. 하지만 긍정적으로 생각하면 내가 이 사람의 몸짓을 해제해서 한결 편안한 분위기를 만들어 갈 수도 있다는 점도 꼭 기억하면 좋겠다.

스트레스를 이겨내고 자신감을 얻는 보디랭귀지

몸짓의 변화를 통해 스트레스를 이겨내고 자신감을 얻는 방법에 관해서 이야기해 보자.

'공무원의 사명감과 보람을 찾으며 살 것인가?' 아니면 '민원인 응대와 쌓인 업무를 처리하며 하루하루를 숙제하듯 살 것인가?' 단순한 말장난 같지만 그렇지만은 않다. 출근할 때 고개를 떨구고 어깨가 축 처진 모습은 마치 학교 다닐 때 하기 싫은 숙제 더미에 쌓여 있었을 때의 모습이다. 그러나 어깨를 펴고 활짝 웃으며 반갑게 인사하는 모습은 방학식 날을 맞이하는 모습과 같다.

의식적으로 하는 행동이든 무의식적으로 하는 행동이든 우리의 감정을 가장 빠르고 확실하게 바꾸는 방법은 몸짓을 바꾸는 것이다. 정말 자신이 없고 자존감이 바닥을 쳤을 때 방구석에서나 하고 있을 법한 자세를 하면서 "나는 할 수 있어! 나는 아주 괜찮은 사람이야!"라고 외쳐본들 더 우울해지고 슬퍼진다. 이때 약해진 호흡을 숨을 길게 마셨다 뱉어 편안하고 자신 있을 때의 호흡으로 해 주어야 한다. 떨린다고, 화가 났다고, 우울하다고 계속 얕은 호흡을 해대면 마음은 절대 편안해지지 않는다.

오늘도 힘든 하루였다면 그래서 이겨내고 벗어나고 싶은데 그게 잘 안된다면 고개를 들어 하늘을 보자. 밤하늘 엄청난 불꽃놀이가 하늘을 환하게 수놓고 있다고 생각해 보자. 굽어 있던 어깨를 펴고 늘어뜨려진 팔을 하늘을 향해 들어 올리는 것부터 시작해 보자. 몸짓에 따라 그에 맞는 감정이 훨씬 더 쉽게 생기기 시작할 것이다.

자세만 바꿔도 스트레스가 줄어든다

민원 응대 등 업무를 하다 보면 본의 아니게 종이 한 장조차 들 힘이 없이 무기력해 지기도 하고, 주위에서 일어나는 모든 일에 스트레스가 쌓이다 보면 폭발 직전까지 가게 된다. 주변 사람들의 이야기에도 민감하게 반응하고, 화도 나고, 자신감도 떨어지고, 무엇을 하든 즐겁지 않고, 일이 잘못되는 상황이 머릿속에 먼저 떠오른다. 뭔가 부정적인 감정이 우리를 더 힘들게 한다.

2018년 평창동계올림픽을 보면서 전 세계가 자국의 선수들을 응원하는 모습이 인상적이었다. 경기가 끝난 후 가장 눈에 띄는 것이 선수들의 표정과 몸짓이었다. 숨 막히는 긴장 속에서 경기하던 선수들은 우승이 확정되자 고개를 들어 하늘을 향해 소리를 질렀다. 세계 최강이라는 것을 증명된 순간 기쁨과 자신에 대한 강한 믿음이 온몸으로 표현된 것이다. 반대로 경기에서 진 선수들은 이긴 선수들과 정반대의 표정 없이 고개를 숙이고 머리를 감싸 안았다. 입술은 엎어진 유(U)자 모양이 되거나 입술을 굳게 닫았다. 팔은 위로 솟아 있는 것이 아니라 아래로 처져 있었다. 떨어진 자신감을 보여주는 듯했다.

양팔을 들어 만세를 하거나 허리에 양손을 올리는 자세, 양손을 위로 쭉 뻗어 올린 자세, 의자 뒤로 기대어 편안하게 앉은 자세 등의 몸을 확장시키고 공간을 많이 차지하는 자세는 자신감이 넘칠 때의 몸짓이다. 반면 팔짱을 끼고 다리를 모으고 목의 뒷부분을 쓰다듬는 것과 같이 몸을 작게 만들고 최소한의 공간만을 차지하는 것은 우리가 자신감이 없을 때 하는 몸짓이다. 그런데 중요한 것은 우리가 자신감이 넘칠 때 하는 몸짓이나 자신감이 없을 때 하는 몸짓이 우리의 호르몬을 변화시킨다는 것이다.

하버드 비즈니스 스쿨(Harvard Business School, HBS)에서 몸짓과 호르몬에 대해 실험했다. 그 결과 우리가 만드는 몸짓에 따라 호르몬의 수치가 변화되었다. 자신감이 넘치는 몸짓을 할 때는 테스토스테론(Testosterone, 남성 호르몬)이라는 호르몬의 수치가 증가했고 그 결과 좀 더 대범하게 생각하고 행동할 수 있었다. 반대로 자신감 없는 몸짓을 2분만 하고 있어도 테스토스테론 수치가 감소했다. 이뿐만 아니라 스트레스 호르몬인 코르티솔(Cortisol)에도 변화가 생겼다. 자신감 넘치는 자세를 2분만 하고 있어도 스트레스 호르몬의 수치가 감소했고, 자신감 없을 때 만드는 몸짓을 하면 스트레스 호르몬의 수치가 증가했다. 이렇듯 자신감 넘치는 몸짓을 의식적으로 만드는 것만으로도 자신감이 넘칠 뿐만이 아니라 스트레스에도 영향을 적게 받는 상태가 된다는 것을 발견한 중요한 실험이었다.

우리의 몸짓이 감정의 변화를 만들어낼 뿐만이 아니라 생물학적 변화까지 가져온다는 것은 아주 큰 의미가 있다. 몸짓을 긍정적으로 바꾸는 것이 감정의 변화, 호르몬의 변화, 태도의 변화로 이루어져 선순환의 마음을 드러내기 때문이다. 팀원들의 사기를 북돋우고 싶다면 팀원들과 하이 파이브를 하고, 보고나 발표 등을 멋지게 끝내고 싶다면 만세를 불러보자. 민원 응대 시 불편한 상황에는 분명 긴장과 스트레스 상황에서의 몸짓이 나올 것이다. 그것을 인지한 순간 몸을 펴고 자세를 확장해 보자. 자신감 호르몬은 높아지고 스트레스 호르몬은 더 줄어들 것이다. 어느 순간 자신감 넘치는 최고의 모습으로 편안하게 표현할 수 있게 될 것이다.

비로소 전문성과 인간미 넘치는 당당한 공무원으로 민원인과 함께할 것이다.

1. 자세만 바꿔도 스트레스가 줄어든다.

2. 손바닥을 비비면 긴장이 풀린다.

3. 긍정적인 기대를 할 때 양손을 비빈다.

4. 자신감을 낮추는 몸짓은 피하라.

5. 턱을 올리면 자신감도 올라간다.

6. 당당함을 표현하는 뒷짐 지기를 하자.

7. 엄지를 올리면 당당함이 드러난다.

8. 허그 자세로 가슴을 열어라.

9. 자신감을 보여주는 몸짓 연습이 답이다.

10. 민원인의 몸짓에 매칭과 미러링을 적용해 보자.

함께
살아가고
사랑받는
공직자

Public Service

제 3 장

고충 민원 가이드
라인과 현장 사례

고충 민원 가이드 라인

유형별	응대 방법
민원인 폭언 시 (욕설, 협박, 모욕, 성희롱)	(1단계) 자제 요청 및 법적 조치 고지(3회 이상) (2단계) 사전 고지에도 폭언 등 지속 시 응대 중지, 감사부서 통보 및 기관 차원의 법적 대응 여부 결정 (3단계) 법적 대등 결정에 대한 민원인 의견 제출 공문 발송 (4단계) 필요시 행정기관이 주체가 되어 법적 조치 실행
민원인 폭행 시	(1단계) 부서장 책임하에 안전요원과 동료 직원들의 폭행을 제지하고 추가 피해 방지를 위해 적극 협력 (2단계) 다른 민원인들을 대피시키고, 신속히 경찰에 신고
허위로 민원 신청 시	허위 민원 내용일 경우 감사부서 통보·조사 후 법적 조치 *법적 조치에 앞서 해당 민원인에게 의견 제출 기회 제공
반복적으로 민원 신청 시	<일반적 처리 절차> (1단계) 행정기관으로부터 수용 불가 취지의 답변을 받았음에도 그와 같은 내용의 민원을 또다시 2차 제기할 때는 민원 처리부서의 장이 1차 답변 내용의 적절성 등을 다시 한번 더 확인하고, 여전히 수요 곤란으로 판단되면 민원인에게 그 사유를 충분히 설명하는 등 적극 대처 *2회 이상 처리 결과 통지 절차 반드시 이행 (2단계) 민원인에게 신청 민원에 대해 수용 불가 사유를 설명했음에도 같은 내용의 민원을 또다시 (3차) 제출할 때는 1, 2차 답변자의 차급자의 결재받아 종결처리 가능(민원법 시행령 제21조) <심의·조정이 필요한 경우> 반복되는 민원 중 민원의 해소 및 방지를 위해 민원 내용에 대해 재검토가 필요하다고 판단될 때는 민원 조정 위원회에 상정, 심의·조정
기타 (행정 업무와 무관한 주장)	(1단계) 공감, 경청하는 등 성실히 응대 (2단계) 통화·면담 시간이 장시간(30분 이상) 계속되면 상담 곤란을 설명한 후 응대 종료

고충 민원 현장 사례

● 동일 유사한 민원 반복 제기

민원인이 제기한 일반 민원을 행정기관에서 적법하게 처리하였음에도 불구하고 민원 처리 결과에 불만을 가지고 지속적 혹은 반복적으로 동일 혹은 유사한 민원을 제기하는 요소가 있어야 한다.

◈ 현장 사례 01

고충 민원인 특성	민원인 특성	장시간 지속적 민원 제기
	요구사항	타인이 산지 개발을 못하도록 지속적 민원 제기
	기타 고충사항	타 시에 거주하는 가족도 똑같은 민원 지속 제기
공무원 응대 및 응대 평가	상황 개요	A씨가 토지를 매입한 후 매입한 토지 상단부에 산림 경영 계획 전 인가 허가가 났는데, 산지 개발이 되면 향후 본인의 토지 개발에 제한 받거나 수해 피해가 날 우려가 있다며 개발을 반대함
	나의 응대 상황	• A씨에게 전후 사정을 충분히 듣고, 현장에서 다시 한번 그분의 의견을 경청함으로 어느 정도 화는 가라앉았지만, 반대는 계속함 • 산지 개발자의 의견과 개발 반대 민원인의 의견이 최대한 반영하도록 함
	동료의 의견	• 산지 개발 허가 신청인에게 민원 사항 전달하고 방지 대책 강구 요청(협조 요청)하면 좋겠다. • 해결되기 힘든 민원임에도 성실하게 임해서 좋은 것 같다. 개발 상호 간에 서로 중재할 수 있을 만한 방안을 마련하면 좋겠다.

◈ 현장 사례 02

고충 민원인 특성	민원인 특성	집요한 민원 제기
	요구사항	타 부서 신청서 접수 요구
	기타 고충사항	형부와 처제가 번갈아 가면서 같은 내용을 반복 민원 제기
공무원 응대 및 응대 평가	상황 개요	태풍 피해 접수 되었음에도 불구하고 동일한 내용을 반복 적으로 민원 제기함
	나의 응대 상황	처음에 차분히 응대하다가 같은 내용이 세 번 반복되면서 기계처럼 해드릴 수 있는 게 없다는 말만 반복했음
	동료의 의견	• 반복된 민원이지만 민원인의 입장을 이해하고 다시 설 명한다. • 자연재해로 인한 피해에 대해 공감을 해준다.

◈ 현장 사례 03

고충 민원인 특성	민원인 특성	동일한 민원 반복 제기
	요구사항	어머니의 기초생활보장 수급 책정
	기타 고충사항	부양 의무자 기준 초과로 부적합
공무원 응대 및 응대 평가	상황 개요	타 지역 거주 중인 아들이 기초생활이 중지된 어머니를 살 려 달라는 반복 서신 민원
	나의 응대 상황	• 대상자 가정 방문하여 부적합 사유를 반복 설명함 • 타 지역 거주의 재소 중인 아들에게 타 서비스 연계 등 안내 서문 발송함
	동료의 의견	• 읍면에서 법에 따라 도움을 줄 수 있는 것과 없는 것을 명확하게 설명하면 좋을 것 같다. • 행정적으로 부모 돌봄(케어)을 최대한 활용하고 있음을 안내한다. • 최선을 다해 돕고 있음을 설명한다.

◈ **현장 사례 04**

고충 민원인 특성	민원인 특성	공격적인 말투의 민원 제기
	요구사항	공원의 풀베기를 요구
	기타 고충사항	처리될 때까지 계속 전화하겠다고 함
공무원 응대 및 응대 평가	상황 개요	여름철에 전화상으로 민원인이 공원 운동 시설 인근 풀베기를 바로 조치해달라고 요청함
	나의 응대 상황	풀베기 사업 시행 전이라 바로 조치할 수가 없었으나 집요한 민원인의 요구로 타 사업 공공근로자로 우선 조치함
	동료의 의견	• 순서가 조금 어긋나더라도 융통성 있는 방법을 사용하는 게 좋을 것 같다. • 민원인에게 어렵지만 빨리 되도록 노력해 보겠다고 안내하면 될 것 같다. • "검토해 보고 연락드리겠습니다."라고 하고, 팀장님이나 과장님과 상의해서 처리하면 좋겠다. • 민원인이 기분 나쁘지 않게 솔직한 상황을 이야기하고 양해를 구하면 좋겠다. • 사업 시행 기간이 시작되면 가장 먼저 해드리겠다고 말하고 시작될 때 따로 연락드리겠다고 하여 안심시키고 진행해도 될 것 같다. • 민원인이 원하는 구간을 포함하여 풀베기하겠다고 민원인에게 전한다. • 봄철 풀베기 요청은 매년 발생하여 우선 선정 대상자를 주민 대표 통장의 의견을 받아 시행하고 있으니 관할 통장과 상담하여 신청하기를 안내한다. • 민원인과 현장에서 직접 만나 공감을 해줌과 동시에 현재 상황을 설명하면 될 것 같다.

일방적 주장

민원인이 민원 처리 과정에서 자신의 의견만 옳다는 주장을 되풀이하면서 다른 사람의 의견을 무시하는 요소가 있어야 한다.

◆ 현장 사례 01

고충 민원인 특성	민원인 특성	민원인 독단적인 이야기만 하고 상대방의 이야기를 듣지 않음
	요구사항	건축 허가 후 현장 도로 개설과 옹벽 설치 등으로 민원인 집으로 물이 들어오지 않게 해달라고 요청함
	기타 고충사항	
공무원 응대 및 응대 평가	상황 개요	민원인의 집 뒤쪽 개발로 피해를 입어 보상해달라는 내용으로 여러 부서에 지속적 민원 제기, 민원인과 건축주 간 대화를 통해 해결하려고 해도 건축주가 들어줄 수 없는 무리한 요구로 지속함
	나의 응대 상황	적극적으로 해결하려고 노력하였으나 대화를 통한 해결 의지보다 말꼬투리만 잡는 상황으로 현재도 진행 중이며, 아직도 해결되지 않음
	동료의 의견	• 본인의 요구사항도 정확하지 않고 말도 이랬다저랬다 하니 담당자의 고충이 이해가 된다. • 때론 대화로 해결이 안 되는 일도 있다. 시간을 가지고 해결하도록 노력하면 될 것 같다. • 고질 민원이 접수되면 담당자의 스트레스가 가중될 듯하다. 담당자의 스트레스 관리와 제도 개선이 꼭 필요하다.

◈ **현장 사례 02**

고충 민원인 특성	민원인 특성	민원인(건축사)가 올린 서류를 검토(확인)해야 함
	요구사항	보상과 허가를 빨리 내달라는 것
	기타 고충사항	
공무원 응대 및 응대 평가	상황 개요	태풍 힌남노로 주택 침수 피해를 입었다는 민원인이 태풍 발생 다음 날 전화가 와서 현재 사는 집이 침수됐다고 주장하여 현장을 방문했는데, 집안 입구 부분만 소량 침수되어 있고, 심각한 피해는 없었다. 그래서 보상 지급이 안 된다고 했더니, "그러면 왜 방문했냐?"라고 화를 내는 상황
	나의 응대 상황	태풍 피해 보상 범위가 제한되어 있고, 다 도와드리고 싶지만 그럴 수 없는 상황이라고 설명 함
	동료의 의견	• 자연재해 시 현장 방문에는 동료와 함께 동행하면 좋을 것 같다. • "피해를 입으셔서 힘드셨겠네요. 저희가 조사를 잘하고 가지만, 혹시 지원금 대상은 안 될 수도 있어요."라고 위로하는 것도 좋겠다. • 민원인의 안타까운 상황을 공감하며, 태풍 피해에 대한 지침 설명을 잘 전달한다.

◆ 현장 사례 03

고충 민원인 특성	민원인 특성	대성통곡하는 눈물로 호소하는 유형
	요구사항	산불감시원으로 근무하고 싶다고 요청
	기타 고충사항	암 환자이자 건강이 좋아 보이지 않아서 산불감시원으로 근무할 수 있을지 염려되었음
공무원 응대 및 응대 평가	상황 개요	산불감시원 모집 중에 실기 전형(등짐펌프 메고 달리기) 시험이 있다고 안내 도중, 본인은 독거노인에 먹고살 방법이 없어 일자리를 구하는데 등짐펌프 메고 달리는 건 못하겠다고 대성통곡함
	나의 응대 상황	공공근로 자리에 안내함
	동료의 의견	산불감시원의 역할 수행에 관하여 설명하고 이해시킴

◆ 현장 사례 04

고충 민원인 특성	민원인 특성	나이와 경력(직위)으로 상대방에게 강압적인 태도
	요구사항	본인이 의뢰받는 건축주의 입장에 현행법 기준을 적용하지 말아 달라는 요구
	기타 고충사항	컨설턴트 업체 대표
공무원 응대 및 응대 평가	상황 개요	건설 기계 관련 창업 컨설팅 업체 대표가 타 부서에서 온 공문에 대한 회신 내용을 변경해 달라는 요구(건설기계 관련 업종 수리점으로 사용하면서 자동차 관련 시설로 용도 변경을 요구함) 다른 지역 사례를 들며 해결해주길 강요함
	나의 응대 상황	다른 지역 사례 검토와 관련 부서 검토 후 법제처의 법 해석 사례를 들어 동일한 답변 함(과장님 팀장님 조언 구함)
	동료의 의견	• 공무원은 법률에 근거하여 안내와 집행함으로 나이와 경력에 위축되지 않아야 한다. • 유권해석하지 않도록 주의한다.

고충 민원인 특성	민원인 특성	어르신의 막무가내 민원 제기
	요구사항	택시 카드 40회 한도를 다 사용했음에도 자신은 3~4회밖에 사용 안 했다며 재발급 요구
	기타 고충사항	나이가 많으시고 화가 많으셔서 소리를 지름
공무원 응대 및 응대 평가	상황 개요	택시 카드(어르신 무료 택시 카드)가 사용이 안 된다며 재발급을 원함
	나의 응대 상황	먼저 민원인의 이야기를 들어주고 흥분하신 것 같아 진정시키려고 노력했으며 사용 내용을 뽑아서 보여드렸다. 결제 오류의 흔적은 없었으며 정상적으로 카드 사용이 되었다. 잔여 한도는 없었다.
	동료의 의견	• 흥분해서 소리를 지르셨지만, 객관적인 데이터를 보여주었고 차분히 설명해 드렸다. • 동요하지 않고 말을 아끼며 응대하였다.

민원인이 자신이 제기한 민원에 대하여 자신이 원하는 것을 얻기 위하여 고충 민원 업무담당자 등에게 욕설, 폭력, 기물파손 등의 행위를 하면서 직간접적으로 위법 · 부당한(또는 비이성적) 요구를 하는 요소가 있어야 한다.

◆ **현장 사례 01**

고충 민원인 특성	민원인 특성	고성, 욕설, 폭언 행사
	요구사항	본인의 불법 조치에 따른 일대 전체 조치 언급
	기타 고충사항	
공무원 응대 및 응대 평가	상황 개요	시장 일원 불법도로점용(폐지 등)에 따른 민원이 발생하여 현장 확인과 민원인과 계도 조치 중 본인의 불법 사항에 대해서는 인정하지 않고, 본인만 불법을 행사했냐는 등의 논리로 인접 불법 노점상, 포장마차 등 먼저 행정 조치하라는 주장 펼침
	나의 응대 상황	민원인을 진정시키고 그 행위로 인해 피해를 받는 도로 사용자들의 불편을 설명드리며 자진 원상회복하도록 조치하였고, 읍면 직원들과 함께 장날 불법 노점상에 대한 계도 조치하였음
	동료의 의견	• 힘든 상황에서도 조금이라도 나아질 상황을 위해 하나씩 해결해 나가신 것 대단하다고 생각한다. • 어려운 상황에는 항상 팀원들의 협조를 얻어야 한다. • 모든 상황에 일률적으로 칼 같은 법령을 적용하기 힘든 현장 업무담당자의 애환이 보이는 민원 상황이다.

고충 민원인 특성	민원인 특성	화가 많고, 소리가 큼
	요구사항	농어민 수당 조건이 안 되는데 달라함
	기타 고충사항	소득수준이 농어민 수당 조건에 해당되지 않음
	상황 개요	농어민 수당을 받으려면 연 소득이 3,700만 원 이하여야 하는데, 본인은 세금 다 내면서 농사짓는 데 왜 안 주냐고 화를 내며 욕을 함
공무원 응대 및 응대 평가	나의 응대 상황	수당 조건에 해당하지 않음을 설명하였으나 민원인의 감정 조절이 되지 않음
	동료의 의견	• 보조금 지원기준에 대해 알아듣기 쉽게 설명해 드리면 좋을 것 같다. • 지급 조건을 준수하여 신청하고 조건이 변동되면 신청 안내하면 좋을 것 같다. • 해당 지침을 출력해서 부적합 사유에 형광펜을 그어 반복 설명한다. • 민원인의 상황을 최대한 들어주고 안되는 이유를 다시 설명한다.

고충 민원인 특성	민원인 특성	목소리가 크고 성격이 급함
	요구사항	영치 장소에 가서 번호판을 달아 달라고 요구함
공무원 응대 및 응대 평가	상황 개요	시청 세정과에서 자동차세 2회 이상 체납자에 대하여 관내에서 번호판을 영치하여 현금을 들고 찾아와서 번호판을 달라고 하면서 돈을 뿌림
	나의 응대 상황	뿌린 현금의 액수를 확인하고 현장에 가서 번호판을 바로 달아주겠다고 하고 민원인에게 안내하고 돌려보냄
	동료의 의견	• 민원인이 매우 화가 난 상황이라 겁을 좀 먹었는데 앞으로 더 의연하게 대처할 수 있었으면 좋겠다고 생각한다. • 좀 더 의연하게 대처할 수 있도록 마인드 컨트롤이 중요하다.

◈ 현장 사례 04

고충 민원인 특성	민원인 특성	성급하고, 소리가 큼
	요구사항	법적으로 문제없는 설계 변경이었지만 원래대로 돌려내라고 요구하심
	기타 고충사항	모든 공무원에게 욕을 하고 소리 지르심
공무원 응대 및 응대 평가	상황 개요	흥분한 민원인이 과에 찾아와서 소리를 질러서 모든 직원이 함께 진정시키려고 함
	나의 응대 상황	소란 정도가 심하여 경찰에 신고하고, 민원인의 한풀이가 끝나고 해산함
	동료의 의견	경찰의 도움을 받을 정도의 상황에서도 끝까지 민원인의 이야기를 들어주고 행정 처분 없이 돌려 보냄을 칭찬한다.

◈ 현장 사례 05

고충 민원인 특성	민원인 특성	성격이 급함
	요구사항	준공을 빨리 내달라고 함
	기타 고충사항	아침에 만취해서 찾아와서 소리를 지름
공무원 응대 및 응대 평가	상황 개요	민원인에게 준공 행정 절차를 설명함 지난 융자사업을 확인서 발급해주길 원함
	나의 응대 상황	협의 회신을 빨리 받아 처리함 확인서를 발급하여 은행에 가져다줌
	동료의 의견	협의 회신을 빨리 처리하였으며 확인서를 직접 은행에 제출한 담당자의 적극적 노력에 칭찬한다.

◈ **현장 사례 06**

고충 민원인 특성	민원인 특성	반말과 고성
	요구사항	타인의 과세자료 요구
	기타 고충사항	지위를 이용해 강압적으로 요구함
공무원 응대 및 응대 평가	상황 개요	지위를 내세워 타인의 개인정보인 과세 자료를 알려 줄 것을 반말로 요구했고, 개인정보라서 알려 줄 수 없다고 하자 고성을 지르며 사무실에서 난동을 부림
	나의 응대 상황	과세 자료는 개인정보이기 때문에 본인의 동의 없이 타인에게 공개할 수 없다고 설명해 드렸음
	동료의 의견	• 욕 하거나 막말에 일일이 대응하지 않으면서도, 얘기를 최대한 들어주고 정중하게 안내해 드려야 한다. • 공무원이 개인정보를 누설할 수 없음을 설명하고 감정적으로 대응하지 않도록 한다. • 너무 공감된다. 개인정보보호법 법률 사례들을 말씀드리면서 인식을 개선해야 할 듯하다.

민원인이 자신이 제기한 민원을 처리 과정에서 여러 차례에 걸쳐 고충 민원 업무 담당자의 정상적인 직무집행 행위를 방해하거나 일반 사회 관념으로 수용할 수 없는 내용을 요구하는 요소가 있어야 한다.

◈ **현장 사례 01**

고충 민원인 특성	민원인 특성	설비를 갖추지 않고 공장 완료 신고
	요구사항	중소기업 운전자금(이자 지원) 신청해야 하니 공장등록부터 해달라 요청함
	기타 고충사항	공장등록증이 있어야 중소기업 운전자금 신청할 수 있음
공무원 응대 및 응대 평가	상황 개요	산업단지 입주 기업체가 설비를 갖추지 않고 공장 완료 신고를 함
	나의 응대 상황	결재권자에게 현장 사진을 보고해야 한다고 거절함 조건 충족 후 다시 신고하라고 안내함 아직 신고 안 하고 있음
	동료의 의견	• 청렴 의식에 감동하였다. • 잘 대처한 것 같다.

고충 민원인 특성	민원인 특성	억지 민원
	요구사항	본인 아파트에 지원금을 지원해 달라 요구하며 '법적으로 안 된다면 법을 바꿔야 한다.'라며 억지 부림
	기타 고충사항	악성 반복 민원
공무원 응대 및 응대 평가	상황 개요	전화상으로 자기 아파트의 시설 노후화와 안전 문제에 따른 공용시설 보조금을 어떻게 해서든 받게 해달라고 요구함
	나의 응대 상황	법적으로 3년 이내 보조금을 지원받은 단지는 지원할 수 없다. 모든 아파트가 공용시설 지원사업을 받고 싶어 하지만, 모두에게 계속된 지원은 어렵고, 그렇기에 저희 시 조례에서 3년 이내에는 지원할 수 없다는 조항을 안내한다. "안타깝지만 선생님 아파트는 24년도 말기 25년도 사업만 신청할 수 있습니다."라고 안내함
	동료의 의견	보조금 사업에 대하여 정확한 안내와 함께 민원인에게 적절한 응대를 한 것 같다.

◈ 현장 사례 03

고충 민원인 특성	민원인 특성	다혈질
	요구사항	소상공인 지원금 신청 요청
	기타 고충사항	
공무원 응대 및 응대 평가	상황 개요	민원인이 소상공인 지원금 신청(입력) 요청하며 태도 문제 삼음
	나의 응대 상황	소상공인 보조금 신청은 본인이 휴대전화기로 신청할 수 있는 건으로 담당자 본연의 업무가 아니어서 현재는 못해드린다고 함
	동료의 의견	• 개인정보 취급에 관하여 유의해야 할 것 같다. • 본인이 직접 할 수 있도록 사용방법 등을 안내한다.

고충 민원인 특성	민원인 특성	성격이 매우 급하며 안되는 것도 해달라고 함
	요구사항	개발행위 허가 요구
	기타 고충사항	농지전용 협의가 안 되었음에도 허가 요청
공무원 응대 및 응대 평가	상황 개요	민원인이 토지 위 태양광 발전소 허가를 해달라고 하였으나 농지전용 협의가 안 되어 허가할 수 없다고 하니 언성을 높이며 임의로 허가해 달라고 떼씀
	나의 응대 상황	농지전용 협의를 완료하고 적법하게 허가를 득하라고 응대하였으며 화가 머리까지 올라와 마음으로는 울고 있음.
	동료의 의견	• 적법한 절차를 통해 민원인의 불법을 예방할 수 있다. • 담당자의 감정관리와 스트레스 관리가 요구된다.

◈ 현장 사례 05

고충 민원인 특성	민원인 특성	막무가내식 사업 요청
	요구사항	원자력 보조금으로 맹지에 도로를 개설해 달라고 함
	기타 고충사항	거주는 대도시에 토지는 면 소재지에 있음
공무원 응대 및 응대 평가	상황 개요	타 지역에 거주하는 면 소재 토지소유자가 원자력 보조금으로 자기 토지에 도로를 개설해달라고 요청함
	나의 응대 상황	보조금 또는 시 예산으로 하는 사업은 마을별 회의를 거쳐 마을회의 승인을 받아서 하여야 하며 그렇지 않으면 특혜로 불가함을 설명함
	동료의 의견	• 막무가내의 민원인에게는 정확한 의사표현으로 전달한다. • 원자력 부지 인근의 주민에 대한 보조금 사업은 주민공동의 의사결정이 중요함을 설명한다.

◈ 현장 사례 06

고충 민원인 특성	민원인 특성	강압적 예의 없음
	요구사항	방파제 가로등 전구 교체 요청(중국산에서 국산으로)
	기타 고충사항	
공무원 응대 및 응대 평가	상황 개요	국산 가로등 교체가 제대로 이루어지지 않는다며 강압적 이며 욕을 함
	나의 응대 상황	예산과 교체 시기, 전구의 설치 규격에 준함을 설명함
	동료의 의견	현장 상황을 살피고 가로등 전구 점멸로 인한 안전 상황을 확인 후 빠른 처리를 한다.

◈ 현장 사례 07

고충 민원인 특성	민원인 특성	주민 불편 사항 해소
	요구사항	개인 주택 앞 도로포장 요구
	기타 고충사항	대화 안 통함
공무원 응대 및 응대 평가	상황 개요	민원인이 개인 주택 앞 도로포장을 요구하여 절차와 진행 불가한 이유에 관해 설명하니 폭언과 고함을 지름
	나의 응대 상황	지속적 폭언으로 인해 업무 마비와 정신적 고충이 있음
	동료의 의견	팀장 혹은 상급자의 도움을 받아 처리해 보는 것도 좋겠다.

◈ **현장 사례 08**

고충 민원인 특성	민원인 특성	이해를 못 하심
	요구사항	하천 구역 내 신규 경작 요구
	기타 고충사항	불만을 토로함
공무원 응대 및 응대 평가	상황 개요	민원인이 지방하천의 하천 구역에서 신규 경작을 요구함
	나의 응대 상황	매뉴얼에 따라 불가하다고 안내
	동료의 의견	• 안 되면 정확한 상황을 충분히 다시 설명해주고 일관된 견해를 유지하면 좋을 것 같다. • 하천 유지관리를 위하여 하천 구역에 점용 행위는 금지되어 있다. '죄송하지만 현재 허가 신청 처리가 어려울 것 같습니다.' 라며 정확히 전달한다. • 안되는 요구사항은 막무가내로 요구하는 민원은 차단할 수 있는 제도가 마련되었으면 좋겠다. • 술을 먹고 취해서 화내는 민원인에게 감정적으로 대응하기 쉬운데 선을 지키며 응대하는 모습을 본받고 싶다.

◈ **현장 사례 9**

고충 민원인 특성	민원인 특성	반말과 짜증을 내는 말투
	요구사항	군 입대한 성인 자녀를 대신해서 위임장 없이 문화누리카 드 재발급 요청
	기타 고충사항	기초생활보장 대상자
공무원 응대 및 응대 평가	상황 개요	전화 민원이 왔는데 민원인(아버지)이 군입대한 성인 자녀 의 문화누리카드를 위임장 없이 발급해달라고 함, 군대에 있어서 위임장 발급 불가하다고 말하자 반말, 융통성 없다 며 짜증을 내고 화냄

	나의
	응대 상황
		• 위임장 없이는 불가함을 안내해 드림
		• 11월 말까지 발급 가능하니 휴가 또는 면회 활용하거나
		  인터넷 휴대전화기로 직접 본인인증 통해서 발급 안내
		  해 드림
		• 짜증 내면서 끊으심

	동료의 의견	• 화를 내고 욕하는 분께 더욱 정중하고 정확하게 안내하
		  여 오히려 상대방이 화낸 게 무안해지게 하면 좋겠다.
		• 상황에 대해 공감도 하면서 해결하는 방법에 대해 문자
		  를 보내 민원인 불만을 최소화하면 좋겠다.
		• 충분히 설명해 드려도 먼저 화를 내고 끊으셨으니 방법
		  이 없는 것 같다.

민원인이 자신이 제기한 민원을 통하여 사적 이익을 추구하기 위하여 불필요한 과다한 행정력과 예산 낭비 유발로 다른 민원인에게 피해를 주는 요소가 있어야 한다.

◈ **현장 사례 01**

고충 민원인 특성	민원인 특성	예민한 성격
	요구사항	처분유예
	기타 고충사항	농지처분 명령에 대한 불복
공무원 응대 및 응대 평가	상황 개요	농지처분 명령을 받은 민원인이 올해 갑자기 농지를 처분하라고 하니 화가 나서 따지러 옴
	나의 응대 상황	일단 민원인에게 마음을 누그러뜨리고 농지처분 의무기간 동안 농사를 지었지만, 농지처분 유예기간(3년) 동안 농사를 안 지었으면 농지처분 명령이 나가지만, 마땅히 농사를 지었으면 그에 대한 증빙자료를 제출하시면 처분명령 철회를 할 수 있다고 안내함
	동료의 의견	• 악성 민원인은 최대한 감정을 배제하고 사실과 법으로 안내해 드려야 되는 것 같다. • 읍면 동장님과 이장님께 도움 요청한다. • 최대한 진정시키고 법에 따라 안내하고 설득해야 할 것 같다. • 적법 절차를 잘 설명한 것 같다. 그렇지만 처분명령 전 사전에 고지하면 더 좋았을 것 같다.

◈ **현장 사례 02**

고충 민원인 특성	민원인 특성	대화가 안 되는 막무가내 스타일
	요구사항	토지 보상 관련하여 자기가 요구하는 보상금으로 달라고 함
	기타 고충사항	
공무원 응대 및 응대 평가	상황 개요	마을 도로에 편입되는 민원인의 일부 토지에 대해 토지 보상금액이 자신이 원하는 금액이 아니라고 주장함
	나의 응대 상황	토지 보상에 대해선 개인 매매처럼 원하는 금액으로 할 수 없고, 관계 법령에 따라 감정평가 2곳의 평균 금액으로 토지 보상할 수밖에 없음을 안내해 드렸으나 계속 같은 민원을 제기한바 정 그러시면 민사소송하시라면 안내해 드림
	동료의 의견	• 법령에 따라 응대를 잘하신 것 같다. • 수 년간 이어온 고질 민원은 시간을 두고 현장에서 대화를 나누어 보는 것이 좋을 것 같다.

◈ **현장 사례 03**

고충 민원인 특성	민원인 특성	소리 지르며 건축 개발 행위 준공 처리 요청
	요구사항	준공 처리 빨리해 달라는 요구사항
	기타 고충사항	
공무원 응대 및 응대 평가	상황 개요	준공 검사 신청서 접수 후 준공 현장을 가보니 보완사항이 발견되어 보완 이후 준공 처리가 가능하다고 알리니 '공무원은 얼마나 법대로 사는지 두고 보자. 원칙대로 사는지 보자.'라고 소리 지르며 말함
	나의 응대 상황	보완사항 처리 후 빠른 준공 처리를 돕겠다고 안내했지만, 10~15분간 소리 지르며, 결국 "알겠다, 보완하겠다."라고 하고 끊음
	동료의 의견	• 전화보다는 대면이 민원 해결에 도움이 된다. • 감정적으로 서로 싸우지 않아서 다행이다. 그냥 들은 게 나았던 거 같다. • 감정적이고 자기 할 말만 하는 민원인을 상대로 말을 잘 들어 줘서 스스로 화를 누그러뜨리게 만든 게 잘했던 것 같다.

◈ **현장 사례 04**

고충 민원인 특성	민원인 특성	집요하게 요구
	요구사항	책 구매
	기타 고충사항	앞뒤 상황 없이 책 보내고 돈 입금
공무원 응대 및 응대 평가	상황 개요	매 분기 부산에 있는 OO 신문사에 책을 택배로 보내놓고 돈을 요구, 돈을 입금하지 않자 소장에게 매일 전화해서 귀찮게 함
	나의 응대 상황	• 사업에 맞지 않는 책을 보냈으니 다시 반송하겠다고 하니 높은 분(소장님께) 전화해서 협박함 • 예산이 없다고 지속해서 회유하였으나 안 먹임 • 여러 책을 보내왔으며 그중 제일 작은 책을 구입하고 나머지는 반송 처리함
	동료의 의견	• 반송 외에는 다른 방법이 없을 것 같다. • 예산이 없다고 단호하게 말한다. • 공무원 노조를 통해 해결 방안 등 도움을 요청한다. • 직원을 보호하기 위한 상사의 적극적인 노력이 필요하다.

◈ **현장 사례 05**

고충 민원인 특성	민원인 특성	경제적 어려움을 호소하는 어르신
	요구사항	폐차 보조금 청구 기한 지났는데 청구하게 해달라고 요구함
공무원 응대 및 응대 평가	상황 개요	조기 폐차 보조금 청구서 접수 선정 완료 후 청구 기한 내 폐차, 말소 청구해야 하는데 폐차하면 생업 어려워 3주 정도 더 쓰고 싶다고 함
	나의 응대 상황	본청 담당자 문의 결과 부정수급에 해당되어 불가하다고 안내함
	동료의 의견	• 최대한 사정을 들어드리고 도움이 되는 방향으로 해보겠지만 어려울 것 같다고 안내해 드려야 한다. • 경청해 주고 차분하게 안 되는 이유를 설명해 드린다. • 어르신이 신차를 구입할 때 보조받을 방법이 있는지 도움을 드릴 수 있는 방법을 찾아보면 좋을 것 같다.

◈ **현장 사례 06**

고충 민원인 특성	민원인 특성	작년에 비해 도로 점용료 상승분이 과하다고 민원 제기
	요구사항	점용료를 안 내면 안 되겠나? 왜 나에게만 부과하나?
	기타 고충사항	
공무원 응대 및 응대 평가	상황 개요	매년 3월 도로 점용료 부과 시기가 되면 영업시설 도로, 진출입도로 사용하는 영업장에서는 점용료 부과에 대하여 민원 제기와 체납하는 사례가 다수 발생, 이는 세무 관련(세외수입)하여 업무의 전문성 부족으로 응대와 처리에 어려움이 있음
	나의 응대 상황	도로 점용 부과 기준에 따라 점용료가 산출되어 감면이 어려우며 체납 시 압류가 된다고 안내함
	동료의 의견	• 화난 민원인에게 평정심을 갖고 웃으면서 응대하시는 모습을 본받고 싶다. • 같은 말 반복 보다는 차라리 매뉴얼/법령을 직접 보여드리는 것이 좋을 것 같다. • 산출 서식을 표로 만들어서 붙여두면 편할 것 같다. • 고질적 악성 민원인에게 출입 차단과 신변에 위협을 가할 시 방어할 수 있도록 안전이 필요하다.

함께
살아가고
사랑받는
공직자

Public Service

제 4 장

고충 민원 참고자료

고충 민원 발생보고서

발생일자			부서			부서장			
고충 민원 유형	폭언 (욕설 등)	협박	폭행	성희롱	기물 파손	위험물소 지	주취 소란	기타	
	* 무고, 허위사실 유포 등								
민원인			전화 번호						
담당자			전화 번호			담당 업무			
고충 민원 발생요지	※ 육하원칙에 따라 핵심내용 위주로 간략하게 작성								
담당자 의견									
부서장 의견									
관련부서 요청사항	※ 필요 시 작성하여 감사, 법무부서 등에 제출								

서면 경고문(예시)

◈ 폭언

- ○○시(군·구)에서 알려드립니다.
- 귀하께서는 2000. 0. 0. 00:00에 ○○과 민원담당공무원과 통화(대면상담) 중 정당한 이유없이 시비를 걸거나 겁을 주는 말을 하였습니다.
- 이와 같은 행위는 「경범죄 처벌법」 제3조 제1항 제19호에 해당될 수 있습니다.
- 귀하께서는 앞으로 ○○시(군·구)에 민원신청을 위한 방문이나 전화 등을 하실 수 있으나, 폭언 등이 재발될 경우에는 ○○시(군·구)에서는 법적 조치 등을 취할 수 있다는 점을 알려드리니 양지하여 주시기 바랍니다.

2000. 0. 0. [기관장]

◈ 성희롱

- ○○시(군·구)에서 알려드립니다.
- 귀하께서는 2000. 0. 0. 00:00에 ○○과 민원담당공무원과 통화 중 성적 수치심을 일으키는 말을 하였습니다.
- 이와 같은 행위는 「성폭력범죄의 처벌 등에 관한 특례법」 제13조에 해당될 수 있습니다.
- 귀하께서는 앞으로 ○○시(군·구)에 민원신청을 위한 방문이나 전화 등을 하실 수 있으나, 성희롱이 재발될 경우에는 ○○시(군·구)에서는 법적 조치 등을 취할 수 있다는 점을 알려드리니 양지하여 주시기 바랍니다.

2000. 0. 0. [기관장]

※ 기타 위법행위 시 해당유형에 따라 작성

온라인 등의 고충 민원에 대한 경고 문구

귀하께서 2000. 0. 0.에 제출하신 민원(제목:○○) 내용 중 "×××"는 「○○법」 제0조 제0항에 의한 ○○죄에 해당될 수 있습니다. 귀하께서 앞으로도 동일 표현을 사용하시면 ○○시(군·구)에서는 법적 조치 등을 취할 수 있다는 점을 알려드리니 양지하여 주시기 바랍니다.

사무실 전화 녹취기능 설치 방법(정부세종청사 예)

◈ **녹취신청**(입주부처)

입주부처 정부청사관리본부에 공문 신청

* 기재부 등 자체 교환기 설치 부처는 해당부처에서 설정

◈ **녹취버튼 설정**(정부청사관리본부)

사무실 전화기 단축버튼 중 1개에 녹취버튼 선정

◈ **녹취**(입주부처)

단축버튼을 누르면 안내멘트* 이후 녹취 진행

* "지금부터 이 전화는 수신번호와 함께 통화내용이 녹취됩니다. 원치 않으시면 끊어주시기 바랍니다."

◈ **녹취확인**(입주부처)

녹취확인 PC 설치* 녹취 확인

* 입주 부처에서 설치 신청(청사본부) → 입주 부처 ID, PW 부여(청사 본부)

※ PC설정과 교육은 정부청사 관리본부에서 실시

※ 녹취 확인 PC를 설치하지 않은 입주 부처는 청사 본부에 파일 요청

민원실 · 상담부서 안전시설(예시)

◈ **출입문 등**

① 출입문에 방호원 배치와 금속탐지기 설치를 통해 위험물 소지자 등 건물 내 출입통제

② 별도 비상구를 확보하여 긴급상황 발생 시 신속 대피

◈ **녹음·녹화**

① 민원응대 장면을 촬영할 수 있도록 민원실·상담부서 내 CCTV 설치

② 전화 녹음 가능한 시스템 구축과 휴대용 보호장비 구비

◈ **상담실 내**

① 비상벨 설치, 민원인과 공무원 출입구 분리

② 광폭 상담탁자* 및 투명 가림막(안전유리) 등 안전 상담창구를 설치하여 상담 중 사고 예방

* 상담 시 물리적 접촉을 막아주는 폭이 넓은 상담 테이블

행정기관 전화응대직원 음성안내 보호 조치

부서별 보호조치 음성안내 도입·확대

◈ **(민원전담부서)** 민원실 및 읍면동 주민센터 등 민원전담부서*는 대표전화 및 민원응대직원 개인별 전화에 보호조치 음성안내 필수 적용('22. 3.)

* 중앙부처·시도·시군구 민원실 및 읍면동 주민센터, 교육청 민원실 대상

(민원실이 없는 경우 민원총괄부서)

◈ **(민원혼합부서)** 민원전담부서 이외 정책·사업업무와 민원업무가 혼합되어 있는 부서*는 기관 사정에 따라 선택적** 적용(~'22년)

* 사회복지과, 주민생활지원과, 교통행정과 등 민원다수부서 및 기타 민원담당직원 등

** 정기·수시 수요조사 등을 통해 보호조치 음성안내 필요(희망) 부서 및 직원 선정·적용

◈ **(일반행정부서)** 정책 및 사업업무를 주로 하는 일반행정부서는 전화민원 응대 중 폭언 등 발생시 '공직자 민원응대 매뉴얼'에 따라 적극 대응 조치

음성안내 유형별 주요내용

유형	안내 문구
녹음 고지	반갑습니다. ○○구청 민원실입니다. 직원보호를 위해 폭언 등 부적절한 통화내용은 녹음될 수 있습니다.
	반갑습니다. ○○○입니다. 통화연결 후에는 민원응대직원 보호와 행정서비스 품질 향상을 위해 통화내용은 녹음될 수 있습니다.
보호 조치	안녕하세요. ○○구청입니다. 정성을 다해 듣겠습니다. 서로를 존중하는 말로 민원응대 직원을 보호해 주세요.
	안녕하세요. ○○○○○입니다. 우리기관은 폭언 등으로부터 직원을 보호하고 있습니다. 따뜻한 말 한마디, 배려의 시작입니다.
	우리기관은 민원응대직원에 대한 보호조치를 시행하고 있습니다. 폭언시 관계법령에 따라 처벌받을 수 있습니다.
정서 안정	제가 가장 사랑하는 엄마, 아빠가 바로 상담해 드릴 예정입니다.
	누군가의 소중한 가족이 통화합니다. 따뜻한 배려 부탁드립니다.
	따뜻한 말 한마디, 배려의 시작입니다. 반말이나 폭언을 삼가 주세요.

정신건강복지센터

◈ **(이용방법)** 광역 및 기초지자체 정신건강복지센터를 전화예약 후 방문 또는 온라인 상담

　※ 기본적으로 해당 지자체 주민을 대상으로 상담을 진행하나, 관내 직장을 둔 다른 지역 거주자도 상담 가능

◈ **(내용)** 정신건강(우울, 스트레스) 관련 검사 및 상담, 정신건강 선별 검사 후 고위험군 치료 연계 및 사례관리 서비스 제공 등

　※ 필요 시 센터 내 정신건강의학과 전문의와 상담도 가능(지자체에 따라 상이)

◈ **(상담비용)** 무료

　* 정신보건센터(운영시간 內 09:00~18:00) 또는 1577-0199(24시간 운영)로 연락하여 전화상담 가능

공무원 마음건강센터

◈ **(운영방법)** 6개 센터별 민간전문기관 위탁운영
◈ **(이용대상)** 전체 공무원(국가·지방공무원) 및 그 가족
◈ **(운영시간)** 평일 10:00~19:00
　　　　　　　　　(매주 월·수 10:00~20:00, 매월 마지막 토 10:00~15:00)
◈ **(운영내용)** 개인·집단 상담, 진단 및 심리검사, 단체 프로그램 등
　※ (이용신청 및 문의) 전화, 이메일, 방문접수 등
◈ **(설치현황)** 세종청사 2개소, 서울·과천·대전·대구·광주 각 1개소

구분	세종센터		서울센터	과천센터	대전센터	영남센터	호남센터
센터명칭	마음톡톡		마음나래	온마음샘터	휴마음샘터	마음소리	마음산책
설치장소	세종청사		서울청사	과천청사	대전청사	대구청사	광주청사
	5-3동 302호	13-2동 433호	본관 209호	후생동 B1	4동 204호	B동 B1	본관 3층
연락처	044-200-1558~9	044-203-1418~9	02-2100-4554~5	02-2110-5959~60	042-481-6487~8	053-230-7575~7	062-975-5557~8
전문상담사	3명	2명	3명	3명	3명	2명	2명

세부 운영내용

구분		내용	시기
상담		개인 : 대면 / 전화 / 온라인	상시
		찾아가는 심리상담 : 상담사가 기관을 직접 방문·상담	주 1회
		집단 : 대면(수요조사 및 개별요청에 따라)	상시
진단 및 심리검사		대면 / 온라인	상시
특별 프로그램	일반	일반 단체프로그램 - 특강, 명상·스트레칭·놀이·미술 등 각종 체험 프로그램, 개별 부서 요청에 따른 기획 프로그램 등	월 1~2회 (개별 요청에 따라 조정)
	맞춤형	• 민원담당공무원 특별관리 프로그램 • 고위험임무 수행자 PTSD 예방지원 프로그램 • 긴급 위기지원시스템	

공무상 요양신청 안내 (「공무원재해보상법」제22~25조)

◆ 공무상 요양승인 신청절차

1단계	1단계	1단계	1단계
신청인	**소속기관 (연금 취급기관)**	**공무원연금공단**	**인사혁신처**
공무상요양승인 신청서 제출* * 최초 내원한 병원의 의무기록지 사본 및, 진단서 원본첨부	상병경위조사서 등을 작성하여 공단 이송	사실관계 확인·조사 후 인사혁신처로 이송	'공무원재해보상 심의회' 심의를 거쳐 공무상요양승인 여부 등 결정 및 통보 (신청인, 공단 등)

신청 → 이송 → 이송 →

◆ 공무상 요양승인 신청절차

구분	청구방법 및 절차
건강보험 급여항목 (본인부담금)	별도의 청구절차 없이 국민건강보험공단에서 공상 공무원에게 자동환급 ※ 공무상 요양승인일로부터 3~4개월 소요
건강보험 비급여 항목	공상 공무원이 관련 내역서를 첨부하여 공단으로 청구하면 공단에서 심사 후 본인에게 지급

지각된 스트레스 척도

※ 체크한 항목의 점수를 합산

	문항	전혀 없음	거의 없음	때때로 있음	자주 있음	매우 자주
1	최근 1개월 동안, 예상치 못했던 일 때문에 당황했던 적이 얼마나 있었습니까?	0	1	2	3	4
2	최근 1개월 동안, 인생에서 중요한 일들을 조절할 수 없다는 느낌을 얼마나 경험하였습니까?	0	1	2	3	4
3	최근 1개월 동안, 신경이 예민해지고 스트레스를 받고 있다는 느낌을 얼마나 경험하였습니까?	0	1	2	3	4
4	최근 1개월 동안, 당신의 개인적 문제들을 다루는데 있어서 얼마나 자주 자신감을 느끼셨습니까?	0	1	2	3	4
5	최근 1개월 동안, 일상의 일들이 당신의 생각대로 진행되고 있다는 느낌을 얼마나 경험하였습니까?	0	1	2	3	4
6	최근 1개월 동안, 당신이 꼭 해야 하는 일을 처리할 수 없다고 생각한 적이 얼마나 있었습니까?	0	1	2	3	4
7	최근 1개월 동안, 일상생활의 짜증을 얼마나 자주 잘 다스릴 수 있었습니까?	0	1	2	3	4
8	최근 1개월 동안, 최상의 컨디션이라고 얼마나 자주 느끼셨습니까?	0	1	2	3	4
9	최근 1개월 동안, 당신이 통제할 수 없는 일 때문에 화가 난 경험이 얼마나 있었습니까?	0	1	2	3	4
10	최근 1개월 동안, 어려운 일들이 너무 많이 쌓여서 극복하지 못할 것 같은 느낌을 얼마나 자주 경험하셨습니까?	0	1	2	3	4

진단 결과

점수	분류	안내사항
13점 이하	정상	정상범위로 유의미한 수준의 스트레스가 시사되지 않습니다
14~16점	경도 스트레스	약간의 스트레스를 받고 있으나 심각한 수준은 아닌 것으로 보입니다. 자신만의 스트레스 해소법을 찾아보는 것이 좋습니다.
17~18점	중등도 스트레스	중간 정도의 스트레스로, 스트레스 해소에 적극적인 노력이 필요합니다. 우울증, 불안증에 대한 추가검사가 필요합니다.
19점 이상	극심한 스트레스	심한 스트레스로 일상생활에서 어려움을 겪고 있을 것으로 판단되며, 우울증, 불안증에 대한 검사와 전문가의 도움이 필요합니다.

우울증 건강설문

※ 체크한 항목의 점수를 합산

문항	없음	2-6일	7-12일	거의 매일
1 최근 2주 동안 기분이 가라앉거나, 우울하거나, 희망이 없다고 느꼈다.	0	1	2	3
2 최근 2주 동안 평소 하던 일에 대한 흥미가 없어지거나 즐거움을 느끼지 못했다.	0	1	2	3
3 최근 2주 동안 잠들기가 어렵거나 자주 깼다/혹은 너무 많이 잤다.	0	1	2	3
4 최근 2주 동안 평소보다 식욕이 줄었다/ 혹은 평소보다 너무 많이 먹었다.	0	1	2	3
5 최근 2주 동안 다른 사람들이 눈치 챌 정도로 평소보다 말과 행동이 느려졌다. / 혹은 너무 안절부절 못해서 가만히 앉아 있을 수 없었다.	0	1	2	3
6 최근 2주 동안 피곤하고 기운이 없었다.	0	1	2	3
7 최근 2주 동안 내가 잘못 했거나, 실패했다는 생각이 들었다. / 혹은 자신과 가족을 실망시켰다고 생각했다.	0	1	2	3
8 최근 2주 동안 신문을 읽거나 TV를 보는 것과 같은 일상적인 일에도 집중 할 수가 없었다.	0	1	2	3
9 최근 2주 동안 차라리 죽는 것이 더 낫다고 생각했다. / 혹은 자해할 생각을 했다	0	1	2	3

진단 결과

점 수	분 류	안내사항
0~4점	우울증상 없음	정상범위로 유의한 수준의 우울감이 시사되지 않습니다
5~9점	가벼운 우울증상	다소 경미한 수준의 우울감이 있으나 일상생활에 지장을 줄 정도는 아닙니다. 다만, 이러한 기분상태가 지속될 경우 개인의 신체적, 심리적 대처자원을 저하시킬 수 있습니다. 그러한 경우, 가까운 마음건강 관련 기관을 방문하시기 바랍니다.
10~19점	중간 정도 우울증 의심	중간 정도 수준의 우울감이 시사됩니다. 이러한 수준의 우울감은 흔히 신체적, 심리적 대처자원을 저하시키며 개인의 일상생활을 어렵게 만들기도 합니다. 가까운 마음건강 관련 기관을 방문하여, 상세한 평가와 도움을 받아 보시기 바랍니다.
20~27점	심한 우울증 의심	심한 수준의 우울감이 시사됩니다. 전문기관의 치료적 개입과 평가가 요구됩니다. 가까운 병·의원 등 마음건강 전문기관을 방문하시면 도움을 받을 수 있습니다.

합산된 점수와 관계없이 9번 문항(자살·자해 생각)에 '없음'을 제외한 항목에 응답하신 경우 전문기관의 치료적 개입과 평가가 요구됩니다. 가까운 병/의원 등 마음건강 전문기관을 방문하시면 도움을 받을 수 있습니다.

※ 본 내용은 정신건강에 대한 대체적인 경향을 체크할 수 있도록 제공된 것입니다. 정확한 증상과 판단을 위해서는 전문가의 상담 또는 진료가 필요함을 안내드립니다.

대한법률구조공단

◆ **(지원대상)** 중앙부처, 지자체 및 교육청 소속 민원공무원

※ 반드시 민원업무 전담공무원에 한정하지 않고 민원인을 응대하고, 민원업무를 처리하는 공무원으로서 민원인으로부터 위해 가능성이 있는 공무원을 포함

◆ **(법률지원 기관)** 전국 지부 및 직원 10명 이상 출장소 총 25개 기관에 민원공무원 전담 법률상담요원 지정·운영

※ 전담직원이 없는 출장소의 경우 전화상담(☎132) 또는 예약 후 면접상담(공단 홈페이지(www.klac. or.kr) 참고

◆ **(지원 범위)** 법률상담에 한정(소송대리는 공무원 책임보험으로 처리)

- 민원처리과정에서 발생하는 민원인의 위법행위(폭언·폭행·성희롱 등)에 대한 민·형사 등 법적 대응방안

※ 전담자 지정 취지에 따라, 민원인의 위법행위 관련 사항 이외에 개인적 법률 문제에 대한 상담, 민원 공무원의 민원처리 자문 또는 민원공무원 소속기관에 대한 행정자문에 대한 상담 불가

◆ **(법률상담 절차)** 공단 면접상담예약시스템을 통한 면접상담 원칙

※ 단, 급박한 법률지원이 필요한 경우, 전담자에게 선행 상담예약자들에 앞서서 처리할 업무상 여유가 있는 경우 등 일정한 경우 법률상담 전담자 등에게 개별적으로 예약하여 방문상담 가능

공무원연금공단

◆ **(지원대상)** 민원(대민)업무 처리과정에서 법적분쟁이 발생한 중앙 및 지자체 소속 공무원

◆ **(지원범위)** 정당한 민원(대민)업무 처리과정에서 발생한 고소·고발 및 손해배상청구 등 법적분쟁과 관련된 모든 사항

◆ **(지원내용)** 소송요건 적격여부에 대한 법률자문, 소송제기시 필요한 고소장, 준비서면, 답변서 작성 및 소송수행 중 지원이 필요한 사항

◆ **(지원문의)** 공무원연금공단 복지사업실

※ 전화 064-802-2234, 2506, 이메일 bokji@geps.or.kr

공무원 책임보험

◆ **(대상)** 공무원 책임보험에 가입된 중앙부처 및 지자체 소속 공무원

◆ **(보장내용)** 민형사상 소송비용(변호사 선임비용 등) 및 손해배상액 보장
   ※ (민사) 공무원의 경과실로 발생한 소송비용과 손해배상액만 보장

◆ **(형사)** 무죄인 경우에 한하여 방어 및 소송비용 보장

◆ **(보장한도)** 방어·소송비용, 손해배상액을 포함하여 민형사 1건당 각 3천만 원까지 보장(보장횟수 1인당 연간 3회)

◆ **(계약방식)** 공무원연금공단에서 하나의 약관으로 중앙부처 및 지자체를 각각 통합하여 계약 체결

◆ **(보장내용)**

구 분			보장(안)	
대 상			중앙부처 및 지자체 소속 공무원	
보장범위	민사	경과실	소송비용	1건당 3천만 원 한도 ※ 보험청구자가 변호사 선임시 심급별 한도 적용 (1심 : 1천만 원, 2심 : 5백만 원, 3심 : 5백만 원)
			손해배상	
		고의, 중과실	소송비용	미보장
			손해배상	
	형사	무죄 기소 전	방어비용	1,000만 원 / 1건당 3천만 원 한도
		무죄 기소 후	소송비용	1심 : 1,000만 원 2심 : 500만 원 3심 : 500만 원 / 1건당 3천만 원 한도
		유 죄		미보장
총 보상한도			20억 ~ 30억 원	
보장횟수			1인당 연간 3회	

※ 해외 사건에 대한 국내 소송도 보장

행정종합배상공제

◆ (대상) 지자체 소속 공무원

◆ (보장범위) 민형사상 소송비용 및 손해배상액 등 보장

　　※ (민사) 공무원의 경과실로 발생한 소송비용과 손해배상액만 보장

　　　(형사) 무죄인 경우에 한하여 방어 및 소송비용 보장

◆ (보장한도) 소송비용·손해배상액을 포함하여 민사 1청구당 3천만 원 ~ 5억 원, 방어·소송 비용 포함하여 형사 1건당 3천만 원까지 보장

◆ (계약방식) 각 지자체에서 한국지방재정공제회에 등록요청하면 공제회에서 손해보험사와 계약체결

◆ (보장내용)

구 분				보장(안)
대 상				지자체 소속 공무원
보장범위	민사	과실불문	소송비용	1청구당 3천만 원 ~ 5억 원 한도 ※ 가입 지자체가 한도 결정 ※ 변호사 선임 심급별 한도 별도 구분 없음
			손해배상	
		고의	소송비용	미보장
			손해배상	
	형사	무죄	기소 전　방어비용	1건당 3천만 원 한도 ※ 변호사 선임 심급별 한도 별도 구분 없음
			기소 후　소송비용	
		유 죄		미보장
총 보상한도				연간 6천만 원 ~ 100억 원 ※ 가입 지자체가 한도 결정
보장횟수				1인당 제한 없음

※ 개인정보배상공제 특별 담보: 피공제자가 업무 수행과정 중 소유, 사용, 관리하는 개인정보의 우연한 누출로 타인에게 손해를 입힌 사고에 대해 담보 가능(선택적 추가 가입 가능)
※ 국내에서 발생한 보험사고만 보장
※ 약관상 보상하지 않는 손해에 해당 시 보상 불가

「민원 처리에 관한 법률」

제4조(민원 처리 담당자의 의무와 보호) ① 민원을 처리하는 담당자는 담당 민원을 신속·공정·친절·적법하게 처리하여야 한다.

② 행정기관의 장은 민원인 등의 폭언·폭행, 목적이 정당하지 아니한 반복 민원 등으로부터 민원 처리 담당자를 보호하기 위하여 민원 처리 담당자의 신체적·정신적 피해의 예방 및 치료 등 대통령령으로 정하는 필요한 조치를 하여야 한다.

③ 민원 처리 담당자는 행정기관의 장에게 제2항에 따른 조치를 요구할 수 있다.

④ 행정기관의 장은 제3항에 따른 민원 처리 담당자의 요구를 이유로 해당 민원 처리 담당자에게 불이익을 주어서는 아니 된다.

「민원 처리에 관한 법률 시행령」

제4조(민원 처리 담당자의 보호) ① 법 제4조제2항에서 "민원 처리 담당자의 신체적·정신적 피해의 예방 및 치료 등 대통령령으로 정하는 필요한 조치"란 다음 각 호의 조치를 말한다.

1. 민원 처리 담당자의 안전을 보장하기 위한 영상정보처리기기·호출장치·보호조치음성안내 등 안전장비의 설치 및 안전요원 등의 배치

2. 민원인의 폭언·폭행 등이 발생하였거나 발생하려는 때에 증거 수집 등을 위하여 불가피한 조치로서 휴대용 영상음성기록장비, 녹음전화 등의 운영

3. 폭언·폭행 등으로 민원 처리를 지연시키거나 방해하는 민원인에 대한 퇴거 조치

4. 민원인의 폭언·폭행 등이 발생한 경우 민원인으로부터 민원 처리 담당자를 보호하기 위한 조치로서 민원 처리 담당자의 분리 또는 업무의 일시적 중단

5. 민원인의 폭언·폭행 등으로 인한 신체적·정신적 피해의 치료 및 상담 지원

6. 민원인의 폭언·폭행 등으로 고소·고발 또는 손해배상 청구 등이 발생한 경우 민원 처리 담당자를 지원하기 위한 조치로서 관할 수사기관 또는 법원에 증거물·증거서류 제출 등 필요한 지원

② 행정기관의 장은 민원인과 민원 처리 담당자 간에 고소·고발 또는 손해배상 청구 등이 발생한 경우 이에 대응하는 업무를 총괄하는 전담부서를 지정해야 한다.

③ 행정기관의 장은 민원 처리 담당자의 민원 처리 과정에서의 행위와 관련하여 인사상 불이익 조치 등을 하려는 경우에는 그 발생 경위 등을 충분히 고려해야 한다.

④ 국가, 지방자치단체 및 법 제2조제3호나목·다목에 따른 행정기관의 장은 제1항의 조치를 위하여 필요한 사항을 관계 법령이나 자치법규 등으로 정할 수 있다.

제136조(공무집행방해) ① 직무를 집행하는 공무원에 대하여 폭행 또는 협박한 자는 5년 이하의 징역 또는 1천만원 이하의 벌금에 처한다.

② 공무원에 대하여 그 직무상의 행위를 강요 또는 조지하거나 그 직을 사퇴하게 할 목적으로 폭행 또는 협박한 자도 전항의 형과 같다.

제137조(위계에 의한 공무집행방해) 위계로써 공무원의 직무집행을 방해한 자는 5년 이하의 징역 또는 1천만원 이하의 벌금에 처한다.

제141조(공용서류등의 무효, 공용물의 파괴) ① 공무소에서 사용하는 서류 기타 물건 또는 전자기록등 특수매체 기록을 손상 또는 은닉하거나 기타 방법으로 그 효용을 해한 자는 7년 이하의 징역 또는 1천만원 이하의 벌금에 처한다.

② 공무소에서 사용하는 건조물, 선박, 기차 또는 항공기를 파괴한 자는 1년 이상 10년 이하의 징역에 처한다.

제144조(특수공무방해) ① 단체 또는 다중의 위력을 보이거나 위험한 물건을 휴대하여 제136조, 제138조와 제140조 내지 전조의 죄를 범한 때에는 각조에 정한 형의 2분의 1까지 가중한다.

② 제1항의 죄를 범하여 공무원을 상해에 이르게 한 때에는 3년 이상의 유기징역에 처한다. 사망에 이르게 한 때에는 무기 또는 5년 이상의 징역에 처한다.

제257조(상해, 존속상해) ① 사람의 신체를 상해한 자는 7년 이하의 징역, 10년 이하의 자격정지 또는 1천만원 이하의 벌금에 처한다.

② 자기 또는 배우자의 직계존속에 대하여 제1항의 죄를 범한 때에는 10년 이하의 징역 또는 1천500만원 이하의 벌금에 처한다.

③ 전 2항의 미수범은 처벌한다.

제258조(중상해, 존속중상해) ① 사람의 신체를 상해하여 생명에 대한 위험을 발생하게 한 자는 1년 이상 10년 이하의 징역에 처한다.

② 신체의 상해로 인하여 불구 또는 불치나 난치의 질병에 이르게 한 자도 전항의 형과 같다.

③ 자기 또는 배우자의 직계존속에 대하여 전2항의 죄를 범한 때에는 2년 이상 15년 이하의 징역에 처한다.

제260조(폭행, 존속폭행) ① 사람의 신체에 대하여 폭행을 가한 자는 2년 이하의 징역, 500만원 이하의 벌금, 구류 또는 과료에 처한다.

② 자기 또는 배우자의 직계존속에 대하여 제1항의 죄를 범한 때에는 5년 이하의 징역 또는 700만원 이하의 벌금에 처한다.

③ 제1항 및 제2항의 죄는 피해자의 명시한 의사에 반하여 공소를 제기할 수 없다.

제261조(특수폭행) 단체 또는 다중의 위력을 보이거나 위험한 물건을 휴대하여 제260조제1항 또는 제2항의 죄를 범한 때에는 5년 이하의 징역 또는 1천만원 이하의 벌금에 처한다.

제283조(협박, 존속협박) ① 사람을 협박한 자는 3년 이하의 징역, 500만원 이하의 벌금, 구류 또는 과료에 처한다.

② 자기 또는 배우자의 직계존속에 대하여 제1항의 죄를 범한 때에는 5년 이하의 징역 또는 700만원 이하의 벌금에 처한다.

③ 제1항 및 제2항의 죄는 피해자의 명시한 의사에 반하여 공소를 제기할 수 없다.

제284조(특수협박) 단체 또는 다중의 위력을 보이거나 위험한 물건을 휴대하여 전조제1항, 제2항의 죄를 범한 때에는 7년 이하의 징역 또는 1천만원 이하의 벌금에 처한다.

제285조(상습범) 상습으로 제283조제1항, 제2항 또는 전조의 죄를 범한 때에는 그 죄에 정한 형의 2분의 1까지 가중한다

제307조(명예훼손) ① 공연히 사실을 적시하여 사람의 명예를 훼손한 자는 2년 이하의 징역이나 금고 또는 500만원 이하의 벌금에 처한다.

② 공연히 허위의 사실을 적시하여 사람의 명예를 훼손한 자는 5년 이하의 징역, 10년 이하의 자격정지 또는 1천만원 이하의 벌금에 처한다.

제311조(모욕) 공연히 사람을 모욕한 자는 1년 이하의 징역이나 금고 또는 200만원 이하의 벌금에 처한다.

제314조(업무방해) ① 제313조의 방법 또는 위력으로써 사람의 업무를 방해한 자는 5년 이하의 징역 또는 1천500만원 이하의 벌금에 처한다.

② 컴퓨터등 정보처리장치 또는 전자기록등 특수매체기록을 손괴하거나 정보처리장치에 허위의 정보 또는 부정한 명령을 입력하거나 기타 방법으로 정보처리에 장애를 발생하게 하여 사람의 업무를 방해한 자도 제1항의 형과 같다.

제319조(주거침입, 퇴거불응) ① 사람의 주거, 관리하는 건조물, 선박이나 항공기 또는 점유하는 방실에 침입한 자는 3년 이하의 징역 또는 500만원 이하의 벌금에 처한다.

② 전항의 장소에서 퇴거요구를 받고 응하지 아니한 자도 전항의 형과 같다.

「경범죄 처벌법」

제3조(경범죄의 종류) ① 다음 각 호의 어느 하나에 해당하는 사람은 10만원 이하의 벌금, 구류 또는 과료(科料)의 형으로 처벌한다.

2. (흉기의 은닉휴대) 칼·쇠몽둥이·쇠톱 등 사람의 생명 또는 신체에 중대한 위해를 끼치거나 집이나 그 밖의 건조물에 침입하는 데에 사용될 수 있는 연장이나 기구를 정당한 이유 없이 숨겨서 지니고 다니는 사람

3. (폭행 등 예비) 다른 사람의 신체에 위해를 끼칠 것을 공모(共謀)하여 예비행위를 한 사람이 있는 경우 그 공모를 한 사람

23. (물건 던지기 등 위험행위) 다른 사람의 신체나 다른 사람 또는 단체의 물건에 해를 끼칠 우려가 있는 곳에 충분한 주의를 하지 아니하고 물건을 던지거나 붓거나 또는 쏜 사람

19. (불안감조성) 정당한 이유 없이 길을 막거나 시비를 걸거나 주위에 모여들거나 뒤따르거나 몹시 거칠게 겁을 주는 말이나 행동으로 다른 사람을 불안하게 하거나 귀찮고 불쾌하게 한 사람 또는 여러 사람이 이용하거나 다니는 도로·공원 등 공공장소에서 고의로 험악한 문신(文身)을 드러내어 다른 사람에게 혐오감을 준 사람

40. (장난전화 등) 정당한 이유 없이 다른 사람에게 전화·문자메시지·편지·전자우편·전자문서 등을 여러 차례 되풀이하여 괴롭힌 사람

② 다음 각 호의 어느 하나에 해당하는 사람은 20만원 이하의 벌금, 구류 또는 과료의 형으로 처벌한다.

3. (업무방해) 못된 장난 등으로 다른 사람, 단체 또는 공무수행 중인 자의 업무를 방해한 사람

③ 다음 각 호의 어느 하나에 해당하는 사람은 60만원 이하의 벌금, 구류 또는 과료의 형으로 처벌한다.

1. (관공서에서의 주취소란) 술에 취한 채로 관공서에서 몹시 거친 말과 행동으로 주정하거나 시끄럽게 한 사람

2. (거짓신고) 있지 아니한 범죄나 재해 사실을 공무원에게 거짓으로 신고한 사람

「성폭력범죄의 처벌 등에 관한 특례법」

제13조(통신매체를 이용한 음란행위) 자기 또는 다른 사람의 성적 욕망을 유발하거나 만족시킬 목적으로 전화, 우편, 컴퓨터, 그 밖의 통신매체를 통하여 성적 수치심이나 혐오감을 일으키는 말, 음향, 글, 그림, 영상 또는 물건을 상대방에게 도달하게 한 사람은 2년 이하의 징역 또는 2천만원 이하의 벌금에 처한다.

「정보통신망 이용촉진 및 정보보호 등에 관한 법률」

제44조의7(불법정보의 유통금지 등) ① 누구든지 정보통신망을 통하여 다음 각 호의 어느 하나에 해당하는 정보를 유통하여서는 아니 된다.

3. 공포심이나 불안감을 유발하는 부호·문언·음향·화상 또는 영상을 반복적으로 상대방에게 도달하도록 하는 내용의 정보

제74조(벌칙) ① 다음 각 호의 어느 하나에 해당하는 자는 1년 이하의 징역 또는 1천만원 이하의 벌금에 처한다.

3. 제44조의7제1항제3호를 위반하여 공포심이나 불안감을 유발하는 부호·문언·음향·화상 또는 영상을 반복적으로 상대방에게 도달하게 한 자

함께
살아가고
사랑받는
공직자

Public Service

고충 민원
응대를 위한
커뮤니케이션 기술

당신의 커뮤니케이션 점수는

우리는 대화를 통해 상대와 수많은 정보와 감정을 주고받는다. 메시지 전달의 효율성이나 기술적인 측면까지 따지자면 수많은 기준이 있겠으나 아래는 우리가 상대와 대화하면서 기본적으로 준비해야 할 부분에 대한 체크리스트이다.

본격적으로 커뮤니케이션 기술을 배우기 전에 지금의 커뮤니케이션 점수는 몇 점인가 체크해 보자. 점수는 스스로 판단해 평가하도록 한다.

▼ 커뮤니케이션 역량 진단지

항목	내용	평가지수 (0~10)
1	청중과 커뮤니케이션할 때 말하는 방법에 대하여 열심히 연구하는 편인가?	
2	상대방과 대화하기 전에 사전준비를 철저히 하는 편인가?	
3	상대방의 이야기를 잘 들으려고 노력하는가?	
4	처음 만난 사람과도 기죽지 않고 이야기할 자신이 있는가?	
5	이야기에 상대방을 끌어들이는 매력이 있는가?	
6	말을 할 때 느끼고 생각하는 것을 그대로 표현할 수 있는 능력이 있는가?	
7	이야기하는 핵심 주제를 강조하고 중요한 사항은 반복하여 말하고 있는가?	
8	순간적인 상황에서 재치 있는 한마디를 던질 능력이 있는 편인가?	
9	설득할 때 상대방이 응해오지 않는다고 벌컥 화를 내는 일이 있는가?	
10	스위치 온 표정(명랑한 미소)과 스위치 오프 표정(무표정)을 지을 능력이 있는가?	
11	상대방이나 청중과 커뮤니케이션할 때 호의적인 태도와 미소로 대하는가?	

12	상대방의 이름을 기억하여 불러주며 그가 중요한 사람이라는 것을 인식하게 하는가?
13	상대방이나 청중이 공감하는 주제로 커뮤니케이션을 하는가?
14	커뮤니케이션 시 당당하고 자신감 있으며 열정적인 태도로 메시지를 전달하는 타입인가?
15	주제에 맞는 적절하고 효과적인 예화를 활용하여 전달하는가(EOB 화법)?
16	상대에게 먼저 말할 기회를 주고, 자신은 더 많이 경청하는 타입인가?
17	효과적인 보디랭귀지(시선, 손짓, 표정, 움직임)와 적절한 쇼맨십으로 대화하는가?
18	최고의 인간관계 기술인 칭찬 화법과 그 테크닉을 알고 있으며 이를 잘 실천하고 있는가?
19	매사에 최악의 인간관계를 만드는 비난, 비평, 불평은 하지 않는가?
20	신뢰감을 주는 커뮤니케이션을 실천하며 잘못한 것은 바로 인정하는 타입인가?

| 당신의 커뮤니케이션 점수는 몇 점인가요?
(합산한 점수를 2로 나눕니다) | 점 |

▼ 평가지수별 커뮤니케이션 역량

91~100점	**커뮤니케이션의 능력자** 당신은 전문가 수준의 커뮤니케이션 역량을 지니고 있다. 지속적으로 노력한다면 21세기가 요구하는 커뮤니케이션 전문가다운 모습을 갖게 될 것이다.
71~90점	**커뮤니케이션의 실력이 상당히 우수한 수준** 커뮤니케이션을 잘하고 있다. 자기표현과 공감대 형성 방법을 익힌다면 커뮤니케이션 분야의 전문가가 될 수 있을 것이다.
51~70점	**커뮤니케이션의 중요성을 어느 정도 아는 수준** 더욱 많은 노력이 필요하다. 커뮤니케이션을 잘하기 위해 자기표현을 진솔하게 하고 명연설가를 롤모델로 삼아 실천할 필요가 있다.
50점 이하	**커뮤니케이션의 능력 제고를 위한 새로운 리모델링이 필요** 커뮤니케이션이 자기 변화와 성공을 위한 필수 요소임을 인식하고 즉시 변화를 시도해야 할 것이다.

자가 진단에서 매겨진 점수는 그 자체로만 봤을 때 사실 큰 의미가 없다. 커뮤니케이션 역량을 평가하는 절대적 기준도 아니고 지극히 주관적인 관점에서 이뤄진 평가이기 때문에 정확하다고 보기도 어렵다. 더군다나 어떤 사람은 스스로의 역량을 지나치게 높게 평가하는 반면에 또 어떤 사람은 실제보다 훨씬 낮게 본다. 타인에 의해 이뤄진 평가라 하더라도 마찬가지다. 그 또한 한 개인의 주관적인 시선일 뿐 정확도를 따지기는 힘들다. 그렇다면 이런 진단 기준이 의미가 있을까? 어떠한 목적으로 이런 진단을 하는 걸까?

말장난처럼 보일 수 있겠지만, 진단에 임하는 행위 자체로 이미 충분한 의미와 가치가 있다. 각 항목을 차근차근 읽어보면서 커뮤니케이션을 성공적으로 이끌기 위해 과연 어떤 역량들이 필요한지를 공부해보는 것이다. 또한 점수를 매기기 위해 자신의 대화 패턴과 습관 등을 돌아보는 것도 중요하다. 비록 그 기준이 주관적이라 할지라도 말이다. 나는 어떠한 방식으로 말하고 있는가, 그 방식은 과연 옳은가, 상대를 어떤 마음가짐으로 대하고 있는가를 생각해보는 것만으로도 이미 내 속에서 변화가 일어나게 된다. 변화의 시작은 자각이다. 이는 심리학 분야에서도 강조하는 것으로 자신의 상태를 스스로 깨닫는 일은 매우 중요하다.

본격적으로 커뮤니케이션에 필요한 기본기와 주요 기술을 배우려는 지금 당신의 점수는 몇 점인가? 그리고 이 과정을 끝낸 후 달라져 있을 당신의 커뮤니케이션 역량은 과연 몇 점일까? 그리고 실제 체크했을 때 몇 점으로 나오는가?

민원 사례와 커뮤니케이션

건축 허가 후 민원인 집에 물이 들어와 보상 제기

민원인의 집 뒤쪽에 건축허가로 인한 개발로 도로개설과 옹벽 설치로 피해를 입어 보상해달라는 내용으로 건축허가과, 감사실, 소통 담당 등 순서대로 돌면서 일주일에 2번 이상 시청으로 방문하여 똑같은 말을 되풀이하면서 타인의 말은 듣지 않아 타협되고 있지 않다. 건축주와 해결하려 해도, 하나가 해결하면 또 다른 것을 요구하며 당사자 간 해결해야 하는 문제를 계속해서 무리하게 요구하였다.

고려의 익재 이제현(李齊賢, 1287~1367) 선생은 "사람은 말을 통하여 자기의 생각과 뜻을 전달한다. 그래서 말은 그 사람의 생각과 사상을 실어 나르는 수레나 배와 같다.", "돛단배에 노가 있고 순풍이 불어도 사람이 운용해야 목적지에 도달할 수 있다."라고 했다. 이것은 어디로 갈 것인지 내비

게이션이 있어야 한다는 말이다.

소통에 있어서 내비게이션 기능 중 제일 중요한 기능은 바로 듣기 능력, 즉 경청이 아닐까 싶다. 흔히 대화와 소통에서는 말하는 것보다 듣는 것이 더 중요하다고 한다. 입은 하나이지만 귀는 둘인 이유가 경청이라는 비유로 그 중요성을 설명하기도 한다. 실제 경청은 커뮤니케이션의 매우 중요한 부분을 차지한다. 경청만 잘해도 상대는 나를 '대화가 잘 통하는 사람'이라 느끼게 되며, 나아가 '말을 잘하는 사람'이라 여길 수 있다.

위의 민원 사례에서 민원 해결이 되고 있지 않은 이유는 바로 듣는 자세에 있다. 똑같은 말만 되풀이하더라도 그 뉘앙스가 어땠는지, 시선은 어디를 향하고 있는지, 자세는 어땠는지 등에 따라 서로가 느끼는 감정은 크게 달라진다. 일방적 소통으로 타협이 안 되고 있으므로 소통을 강조하지만 정작 불통이라 여겨지는 담당관도 마찬가지다. 본인은 의식조차 못하는 사소한 눈길 하나, 손짓 하나에 커뮤니케이션 전문가로 거듭날 수도 있고, 불통의 아이콘이 될 수도 있는 것이다. 통(通)과 불통(不通)을 가르는 건 듣는 자세라는 사실을 명심하자.

계약 연장에 실패한 B 씨의 사연

B 씨는 온라인 광고대행사를 운영 중이다.

하루는 모 거래처에 광고 담당자가 바뀌면서 이번 기회에 대행사도 교체하기로 했다는 통보를 받았다. 부랴부랴 거래처를 찾은 B 씨는 담당자의 사무실 한편에서 등산용 스틱을 발견했다. 유명 등산용품 브랜드 로고가 그려진 쇼핑백까지 확인하고 나서 "저거다!" 하고 등산 얘기로 화제를 돌렸다. 새 담당자는 반가운 표정을 짓더니 한동안 등산 이야기에 열을 올렸다.

그러나 B 씨는 결국 계약 연장에는 실패하고 말았다.

흔히 갑의 위치에 있는 담당자의 관심사를 파악하고, 사적인 친분을 쌓는 것은 비즈니스에서 매우 중요하다고 알려져 있다. 그 때문에 수많은 비즈니스맨들은 업무와 전혀 상관없음을 알지만, 휴일에도 일찍 일어나 골프를 치러 나가고 열심히 산에 오르며 술도 마신다.

그러나 불행히도 위의 두 번째 사례처럼 공감대와 친밀감을 형성했다고 해서 반드시 비즈니스가 성공적으로 마무리되지는 않는다. 어째서 B 씨는 A 씨와 똑같은 전략을 썼음에도 불구하고 계약에 실패했을까? 심지어 대화도 유쾌하게 진행되었음에도 말이다.

이는 두 담당자의 대화 스타일이 근본적으로 다르기 때문이다. 사적인 친분이 업무 관계에까지 영향을 주는 사람이 있는가 하면, 둘을 명확히 구분하는 사람도 있다. 사례에서는 대화 패턴이 크게 두 가지로 나뉜다.

관계 중심
대화 유형

 업무 중심
대화 유형

A 씨가 만난 담당자들은 단순히 사례만 놓고 봤을 때 관계 중심적인 사람이라 볼 수 있다. 이들은 일단 친분이 쌓이게 되면 신뢰에도 변화가 생기며 이는 업무 결정에까지 영향을 미친다.

하지만 B 씨가 만난 담당자는 그 반대 유형에 속한다. 업무 중심적인 대화를 하는 이들은 공과 사의 구별이 명확하다. 이들은 회사 밖에서 아무리 친하다 하더라도 일에서만큼은 정확히 선을 긋는다. 오히려 회의 때 섣불리 친분을 쌓기 위해 사적인 대화를 길게 이어갔다간 마이너스 점수를 받을 수도 있다. 비록 앞에서는 웃고 있을지라도 말이다.

그렇다면 이쯤에서 궁금증이 생길 것이다. 그 짧은 미팅 시간 동안 상대가 둘 중 어느 유형에 속하는지 과연 알 수 있을까? 알 수 있다면 어떻게 해야 할까? 그리고 유형을 나누는 기준은 몇 가지나 있을까? 무엇보다 각각의 유형에 맞추려면 어떻게 대화해야 할까?

스피치의 진짜 의미

> 인간관계에서 가장 중요한 것은 자기표현이며, 현대의 경영이나
>
> 관리는 커뮤니케이션으로 좌우된다.   - 피터 드러커

스피치는 말 잘하는 기술인가

'스피치'라고 하면 사람들은 대개 '말 잘하는 기술' 정도로 여긴다. 청산유수처럼 말을 쏟아 내며 청중을 들었다 놨다, 웃겼다 울렸다 하는 주로 사회자나 개그맨, 강사, 영업사원 등 특정 직업군에나 필요한 '기술' 말이다.

동시에, 이 '말 잘하는 기술'을 타고나는 능력이라 여기기도 한다. 그 이면에는 '어차피 나는 타고나지 않았으니까 노력해 봐야 안 될 거야.'라는 자기 비하와 포기의 심정도 깔려 있다.

애초에 말을 조리 있게 잘하는 능력은 자신과 무관하다고 치부하기도 한다. 자기는 방송인이나 강사도 아니고 영업사원이나 경영자도 아닌데

굳이 스피치에 신경 쓸 필요가 있는가 하는 생각이다.

과연 스피치란 특정인에게만 필요한 능력일까? 타고나야 할까? 배운다고 늘까? 굳이 말을 잘해야 할 필요가 있나? 그리고 본질적으로 '말을 잘한다'의 기준은 무엇인가?

스피치의 3가지 의미

이에 대한 답을 구하기 위해 우선은 '스피치'란 무엇인지부터 정의할 필요가 있다.

첫째, 여러 사람 앞에서 자기의 주장 또는 의견을 진술하는 '연설'을 뜻한다. 자신의 주장이 청중의 행동과 변화로 이어지게 하려면 반드시 메시지를 제대로 힘 있게 전달할 수 있어야 한다.

둘째, 스피치는 서로 이야기를 주고받는 '담화'를 의미하기도 한다. 스피치 훈련에 경청의 기술이 포함되는 이유이기도 하다. 여기서 말을 주고받는 대상에는 상대뿐 아니라 나 자신도 포함된다. 나 자신과의 대화는 내적 대화라고 하며 이는 자존감과도 직결되어 있다.

셋째, 스피치에는 '언어 능력'이라는 뜻도 있다. 말에는 목적이 있다. 누구를 대상으로, 어떠한 내용을 전달하든 모든 말의 목적은 단 하나다. 상대를 내가 원하는 상태로 만드는 것, 연설이라면 내 주장에 대중들이 동조하고 따르게 하는 것이 목적이다. 세일즈맨이라면 상대를 설득하는 것이 스피치의 목적이고, 개그맨이라면 청중을 웃게 만드는 것이 목적이다. 우리는 연인에게 프러포즈할 때, 취업을 목적으로 면접을 볼 때 등 다양한 상황에서 다양한 목적을 달성하기 위해 스피치, 즉 언어능력을 필요로 한다.

진짜 말 잘하는 사람은 상대를 변화시킨다

따라서 말을 잘한다고 하는 것은 결국 상대를 내가 의도한 상태가 되게 끔 만들 수 있다는 뜻이다. 이때 '의도한 상태'의 범위는 매우 넓다. 상대를 설득한다든지, 판매나 각종 계약과 같은 행동의 변화를 촉구한다든지, 특정 정보를 오래 기억하게 하며 감동을 주거나 사과를 받아들이게 하는 등 상대의 모든 내적·외적인 상태 변화를 아우른다. '말'에는 그만한 힘이 있다.

이 책은 커뮤니케이션 능력을 키우는 데 필요한 여러 내용을 담고 있지만, 궁극적인 목적은 단 하나다. 당신이

> 어떤 자리에서
> 누구를 상대로
> 어떠한 말을 하더라도
> 목적한 바를 이루게 하는 것

그 길은 생각보다 멀거나 험하지 않다. 의지를 다지고, 하루 단 몇 분만이라도 투자할 수 있다면 누구든 가능하다. 실천하느냐, 실천하지 않느냐의 차이가 있을 뿐이다.

커뮤니케이션 &
대화 코드 익히기

"그 친구들은 서로 코드가 잘 맞아."

말이 잘 통하는 사이를 두고 흔히 쓰는 표현이다. 모든 사람은 대화할 때 저마다의 고유한 특징을 보인다. 수많은 특징을 어떤 기준에 따라 묶어나가다 보면 몇 가지 코드(카테고리)로 분류할 수 있다.

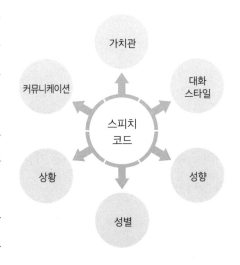

나와 같은 유형의 코드값을 가진 사람과 대화할 때는 익숙함과 편안함을 느끼고, 상반되는 타입을 가진 사람과 대화할 때는 불편함을 느낄 것이다. 이것이 첫 만남에도 친숙함을 느끼거나 반대로 오래 만

나도 어색한 관계가 있는 근본적인 이유다.

그렇다면 만약 상대가 가진 대화의 코드를 읽어낼 수 있다면 어떨까? 만약 그것이 가능하다면 누구를 만나도 내가 원하는 방향으로 얼마든지 대화를 성공적으로 이끌 수 있을 것이다. 코드를 읽을 줄 안다는 건 자동차에 시동을 거는 것만이 아니라 사고 없이 안전하게 주행하여 원하는 목적지까지 도달할 수 있다는 뜻이다.

코드를 읽는 기술은 비즈니스 관계에서도 굉장히 유용하게 쓰인다. 상대를 설득하고, 계약 성사는 물론 거래에 있어 유리한 고지를 차지하고, 위험 요소를 미리 파악하는 등 비즈니스 성패를 크게 좌우하는 힘을 갖는 셈이다. 상대가 쓰는 말의 코드를 제대로 읽을 수 있다면 대화가 오가는 현재 상황에 대한 명확한 판단이 가능해진다. 상황 판단이 된다는 건 그때그때 필요한 전략과 전술까지 수월하게 짤 수 있다는 뜻이기도 하다.

사람들은 저마다 고유한 커뮤니케이션 스타일을 가지고 있다. 하지만 그 수많은 스타일은 특정 코드(기준)에 따라 몇 가지로 분류할 수 있다. 분류된 코드를 잘 이해하게 된다면 설령 나와 반대되는 유형에 속한 사람이라 할지라도 얼마든지 그의 스타일에 맞춰줄 수 있게 된다. 그 결과 상대는 더욱 친근함을 느낄 것이고 대화의 목적도 원만하게 달성할 수 있다. 다시 말해 대화의 코드를 잘 읽어낼 수 있다면 누구나 스피치 전문가가 될 수 있다는 뜻이기도 하다.

코드를 분류하는 기준은 다양하다. 이 책에서는 큰 카테고리에서 점차 세부적인 코드로 좁혀 들어가는 쪽으로 방향을 잡았다. 무엇보다 코드를 누구나 쉽게 읽어내고 활용할 수 있어야 한다는 사실을 염두에 두고 분류하였다.

스피치 코드는 언어와 준언어, 비언어를 비롯해 상황과 대화 상대의 성별, 각종 스타일 등으로 분류할 수 있다. 큰 맥락에서 먼저 상황과 상대의 성별 등으로 대화의 기본 틀을 잡은 다음, 대화를 통해 상대의 대화 방식과 가치관 등을 파악해 유형을 분류하게 된다. A 유형, B 유형 등 스피치 코드를 몇 가지 결괏값에 맞춰 인위적으로 구분하지는 않았다. 오히려 이러한 구분은 코드를 읽을 때 방해가 될 뿐이고 특정 유형에 상대를 귀속시킴으로써 자칫 디테일한 부분에 대한 오류가 발생할 위험이 더 커지기 때문이다.

커뮤니케이션 코드	언어	말의 내용과 다양한 패턴(시간선, 선호표상채널 등)
	준언어	속도, 강도, 음색 등
	비언어	보디랭귀지
상황 코드		고맥락 / 저맥락
성별 코드		남성 / 여성
성향 코드		내향형 / 외향형, 개인주의형 / 관계 지향형, 모험 추구형 / 안정 추구형
대화 스타일 코드		직설 화법 / 간접 화법
가치관 코드 (대화에 연관된)		업무 중심형 / 관계 중심형, 수직적 / 수평적

언어와 준언어, 비언어의 영역은 상대와 무관하게 기본적으로 커뮤니케이션 능력을 키우는 데 필요한 역량에 속한다. 전달하고자 하는 내용에 따라 말의 내용은 물론 구성과 빠르기, 음색, 보디랭귀지 전략까지 달라진다. 항목이 많아 어려워 보이지만 하루 몇 분만이라도 투자해 연습한다면 그리 어렵지 않게 익힐 수 있는 기술들이다.

상대의 성별과 성향, 대화 스타일, 가치관 등은 대화를 주고받으며 파악해야 할 중요한 '코드값'이다. 지금은 나열된 항목이 많아 앞으로의 배움이 멀고 험난해 보이지만, 단언하건대 결코 어렵지 않다. 배움에 대한, 그리고 성장에 대한 의지 하나만 있으면 충분하다. 스피치 코드는 누구라도 쉽게 익힐 수 있고 그 이후에는 자연스럽게 구사하여 대화를 능숙하게 주도해나갈 수 있다. 지금의 자기 모습에 자신이 없더라도 괜찮다. 본격적인 배움을 앞둔 지금은 이 책을 통해 변화될 자신의 모습을 구체적으로 그려보는 것만으로 충분하다.

커뮤니케이션 코드:
언어와 준언어, 비언어라는 무기

💬 7%의 내용을 제대로 전하는 데 필요한 93%의 비밀

미국 UCLA 명예교수이자 심리학자인 앨버트 메라비언(Albert Mehrabian)은
저서 《침묵의 메시지(Silent Messages)》(1981)에서 의사소통에 관한 두 가지
실험 결과를 소개했다.

첫 번째는 말의 의미와 음색의 중요성에 대한 실험이었고, 두 번째는
음색과 표정 같은 비언어적 요소의 중요성에 대한 조사였다. 그 결과, 말
자체의 의미보다는 음색이라든가 표정 등이 훨씬 중요함을 알게 되었다.
예를 들면, 말의 내용이 상대에 대한 호감을 표현한다고 할지라도 목소리
가 가라앉아 있다거나 상대의 눈을 피한다거나 불안이나 불쾌한 표정을
보인다면 호감이 상대방에게 전달되지 않는다는 것이다.

결과적으로 의사소통에 있어 언어적 요소의 중요도는 정작 7%에 불과
했다. 오히려 청각적 요소(준언어)가 38%, 시각적 요소(비언어)가 절반 이상

인 55%의 중요도를 보이는 것으로 나타났다. 이렇게 나온 7:38:55 비율을 '메라비언 법칙(The Law of Mehrabian, 대화에서 시각과 청각 이미지가 중요시된다는 커뮤니케이션 이론)'이라 부른다.

'아니, 말에서 내용의 비중이 7%밖에 안 된다고?' 연구 결과만 놓고 보면 의아할 것이다. 말의 내용이 중요하지 않다는 것이 아니다. 나머지 요소가 갖춰져야 말의 내용이 들리기 시작한다는 뜻이다. 우리는 시각적인 정보, 즉 보디랭귀지가 말의 내용과 일치하지 않으면 나머지 45%가 무엇인지 확인하려 들지 않는다. 설사 끝까지 말을 듣는다 하더라도 말하는 방식(38%에 해당하는 준언어)에서 흥미를 유발하지 못하면 정작 핵심인 말(7%)을 받아들이거나 이해하지 못한다. 다시 말해 말(7%)을 통해 듣는 이의 변화(설득, 이해, 행동 촉구 등)를 끌어내기 위해서는 내용에 적합한 준언어(38%)와 적절한 보디랭귀지(55%)가 필요하다는 뜻이다.

이를테면 이런 경우다. 팔짱 낀 자세로 고개를 살짝 숙이고 상대를 노려보면서 말한다면 내용이 아무리 재밌다 해도 상대가 웃을 수 있겠는가? 다리를 꼬고 뒤로 기댄 거만한 자세로 상대에게 위로의 말을 전한다면 어떨까? 말의 내용이 아무리 따뜻하다 하더라도 진심이 전달되기 어려울 것이다.

따라서 언어 내용과 준언어, 비언어를 읽어내고 잘 활용하는 것은 말하기 능력을 키우는 데 매우 중요하다.

🌐 한국인에게 2배 더 중요한 준언어와 비언어 코드

피터 드러커(Peter Ferdinand Drucker)는 "커뮤니케이션에서 가장 중요한 것은 상대방이 입으로 말하지 않은 것을 듣는 것이다."라고 했다.

특히 고맥락 문화권에서는 말하지 않은 것을 듣는 능력이 상당히 중요하다. '찰떡같이' 알아듣지 못하는 사람을 눈치 없다고 평가하는 이들이 많기 때문이다. 말하지 않아도 아는 능력은 한국 사회와 같은 고맥락 문화권에서는 필수 생존 스킬이라고 할 수 있다.

하지만 의아하다. 말하지 않은 말을 어떻게 들으라는 말인가? 힌트는 준언어와 비언어에 숨어 있다. 준언어는 '패럴랭귀지(Paralanguage)'라고 해서 사전적 의미로는 비언어의 영역까지 포함하는 개념이지만, 이 책에서는 체계적인 설명을 위해 준언어의 의미를 말의 음색과 템포 등으로 국한하고, 표정과 몸짓을 비언어라 칭하기로 한다.

준언어와 비언어를 모를 때는 들리는 말만 들으면 된다고 생각하기 쉽다. 하지만 말을 듣기 전에 상대가 내는 헛기침 소리를 캐치하고, 상대가 눈썹 사이를 찡그리는 모습에 주목해야 한다. 그러지 않으면 그가 입으로 말하는 "괜찮다."라는 소리만 듣고 그가 정말 괜찮다고 생각하는 실수를 범하게 되기 때문이다. 그가 힌트로 내놓은 헛기침 소리와 찡그린 눈썹을 근거로 '그가 괜찮지 않다.'라는 판단을 내릴 수 있어야 한다. 이것이야말로 벽 같은 사람을 뚫고 그 마음을 들여다보는 첫걸음이기 때문이다.

언어 외에 준언어, 비언어까지 종합적으로 분석한 결과를 바탕으로 상대방에게 적절한 반응을 해주는 것이 처음에는 어렵고 불편하게 느껴질지 모른다. 하지만 상대방 역시 내가 의미를 담은 준언어와 비언어를 해석하며 내게 반응해주고 있다. 서로가 말하지 않은 것을 알아채주는 것, 이것은 대화하며 살아가는 인간이 갖춰야 할 기본 소통 능력이라는 점을 기억하자.

그렇다면 언어 코드는 중요하지 않은 걸까? 그렇지 않다. 그래서 언어 코드를 읽는 데 유용한 개념을 소개하고자 한다. '선호표상채널'이라는 것이 있다. 이것은 사람마다 선호하는 감각기관이 다르다는 데 착안하여 유형을 구분한 것이다. 선호표상채널에 따라 사람은 시각형, 청각형, 체감각형, 지각형으로 나눌 수 있다. 일반적으로 남성은 시각이 더 민감하고 여성은 청각이 더 민감하다는 말을 하는데 이것과 관련지어 생각하면 이해가 쉬울 것이다. 각 유형을 살펴보면 다음과 같다.

시각형

매장을 찾은 손님이 "한번 둘러보러 왔어요."라고 한다면 표상채널 중 시각을 선호하는 사람일 확률이 높다. '보다'라는 시각적인 표현을 놓치지 말자. 이들은 대화할 때 주로 눈동자와 손짓으로 위치를 찾아가며 말한다. 시각 표현을 많이 쓰고 시각적으로 만족감을 주면 이들과 쉽게 가까워질 수 있다.

특성	• 시각적인 이미지로 대상을 기억하고 인식함 • 계획표가 없으면 쉽게 지루해함 • 상징적인 어법을 자주 구사함 • 이야기의 큰 범주만 언급하고 세세한 부분은 생략함 • 대화의 주제를 분명하게 제시함 • 회의를 짧게 끝냄
자주 쓰는 표현	• 색깔이나 모양과 관련된 단어 • 보다, 훑어보다, 지켜보다, 눈여겨보다, 보기 좋다/나쁘다, 그리다, 묘사하다, 생생하다, 인상적이다, 비슷하다, 유사하다, 닮다, 처럼, 밝히다, 명확하다, 분명하다

청각형

청각형 손님은 대개 "어떤 제품이 좋을지 이야기 한번 들어보려고요."라는 식으로 말한다. 청각적인 표현이다. 이들은 말하기를 좋아하는 동시에 잘 들어주는 타입이기도 하다. 이들과는 적절하게 질문과 답을 주고받으면 된다. 일방적으로 말을 빠르게 해도 잘 알아듣는 유일한 유형이기도 하다.

특성	• 한 번 들은 내용을 잘 기억함 • 종이에 적지 않고 듣기만 해도 내용을 잘 흡수함 • 길고 자세하게 설명하는 능력이 뛰어남 • 훌륭한 스토리텔러임 • 혼잣말을 자주 함 • '아', '흠', '오' 등의 감탄사를 잘 씀
자주 쓰는 표현	• 의성어와 관련된 단어 • 듣다, 경청하다, 귀 기울이다, 말하다, 언급하다, 토론하다, 지껄이다, 소리나 소음과 관련된 단어, 경쾌하다, 시끄럽다, 조용하다, 속삭이다

체감각형

체감각형에 해당하는 사람은 직접적인 경험을 통해 배우고 대상을 인지하는 타입이다. "이 문제를 짚고 넘어가자."라는 식으로 신체 감각에 해당하는 표현이나 기분, 느낌과 관련된 표현을 자주 쓴다. 대형 마트의 시식 코너나 자동차 시승 코너 등은 이 유형을 위한 프로모션이라고 볼 수 있다. 청각형과 달리 이들에게는 말을 다소 천천히 할 필요가 있다. 몸으로 체감하기 전에는 정보를 받아들이는 데 다소 시간이 걸리기 때문이다.

지각형

　지각형에 해당하는 사람들은 사고 작용에 관한 표현을 많이 쓴다. "생각 좀 해 볼게요.", "고민이 되네요."라는 식이다. 이들은 감정적인 표현에 서툰 대신 논리적이고 분석적인 대화에 능하다. 소비할 때도 다양한 제품을 꼼꼼히 비교, 분석한 다음 구매하기 때문에 충동구매를 안 하는 유형이기도 하다. 이들에게 영업할 땐 절대 강요해서는 안 된다. 제품의 장점을 충분히 설명한 다음 선택권을 넘겨주자.

특성	• 순서와 단계를 정해서 내용을 기억하고 인식함 • 체계적이고 논리적으로 묻고 생각하기를 좋아함 • 자신을 둘러싼 세계에 대해 더 잘 알고 이해하려는 욕구가 강함 • 감정을 배제한 무미건조한 언어를 주로 사용함 • 분명한 주제를 제시하며 대화를 이어 나감
자주 쓰는 표현	• 사고 기능과 관련된 단어: 생각하다, 숙고하다, 인식하다, 순리에 맞다, 조리 있다, 이해하다, 논리적, 객관적, 합리적 • 추론이나 과정에 관련된 단어: 순서, 절차, 발단, 처음/마지막, 첫째/둘째, 그러므로, 결과적으로, 최종적으로 • 자료와 관련된 단어: 데이터, 정보, 수집, 의미, 분류, 분석, ~에 따르면

　이처럼 언어 코드의 힌트는 상대의 말끝에 숨어 있는 경우가 많다. 각 유형이 자주 쓰는 표현을 기억해서 그들이 선호하는 단어를 선택하자. 일상 대화에서는 공감대를 형성하고 대중 앞에서는 분위기를 주도하는 사람으로 기억될 것이다.

상황 코드 :
'No'가 'No'가 아닐 수도 있는
한국 사회

고맥락 문화와 저맥락 문화의 차이

"김 대리, 요새 얼굴 좋아 보이네?"

김 대리가 제출했던 제안서 검토를 막 끝낸 상사가 내뱉은 이 말의 속뜻은 무엇일까? 정말로 얼굴이 좋아 보여서? 그 비결이 궁금해서? 그런 뜻이 아님은 아마 전후 맥락만으로도 누구나 쉽게 알아차릴 것이다. 직장에서 "이것만 끝내고 퇴근하게."라는 말은 오늘 야근하란 소리다. "참신한 의견이긴 한데……."는 토 달지 말고 지시에 따르라는 뜻으로 해석해도 무방하다. '얼굴 좋아 보인다.'라는 말은 '일은 이렇게 엉망으로 하면서 정작 본인은 마음 편한가 봐?'라는 뜻으로 하는 비아냥이다.

'잘한다'는 말 또한 우리나라에서는 크게 두 가지 의미로 쓰인다. 정말로 일을 잘해서 하는 칭찬으로도 쓰지만, 잘못을 저지른 손아랫사람을 나무라기 위해 반어법으로도 쓴다. 이 역시 대화의 맥락에 따라 진짜 의미를 파악해야 한다.

이렇게 말의 겉(표면적인 내용)과 속(실제 의미)이 다른 대화는 한국 사회와 같은 고맥락(High Context) 문화의 특징이다. 반대로 시트콤 같은 상황은 저맥락 문화(Low Context)에서나 일어날 법한 일이다. 실제 저맥락 문화권에서 쓰는 계약서가 훨씬 더 길고 장황할 수밖에 없는 이유이기도 하다.

의사소통에 있어 고맥락·저맥락 문화라는 개념은 미국의 인류학자 에드워드 홀(Edward T. Hall)이 처음 제시한 것으로 대화와 글로 표현하는 방식의 차이를 잘 보여준다.

우리나라에서 '아닙니다, 괜찮습니다.'라는 의례적인 사양인 경우가 많으며, '언제 식사 한번 하시죠?'는 단지 인사에 불과하다. 하지만 주로 직설적인 표현을 하는 저맥락 문화에서 '아니오'는 표면 그대로 거절을 의미한다. 또한 식사 한번 하자는 말에 저맥락 문화에서는 언제가 좋은지 구체적인 약속을 잡으려 들 것이다.

요리할 때 '후추 조금, 소금 적당히'라는 한국식 표현에 대해 저맥락 문화권에서 온 사람은 아마 이렇게 되물을 것이다.

"그래서, 각각 몇 그램씩 넣을까요?"

▼ 저맥락 문화와 고맥락 문화의 대화 특징*

저맥락 문화의 대화 특징	고맥락 문화의 대화 특징
말의 내용과 자세, 표정을 통해 의미 파악	말의 내용뿐 아니라 전반적인 대화 내용 (맥락), 표정, 뉘앙스, 자세, 말하는 장소, 복장, 행동, 관계 등을 종합적으로 고려하여 의미 파악
• 개인주의 문화의 전형적인 커뮤니케이션 방법 • 구체적인 말과 글로 본래 뜻을 직설적으로 전달 • 커뮤니케이션 내용과 구성이 체계적이고 명시적 • 당연하다고 여겨지는 내용까지 모두 명시(세세한 부분까지 모두 명시한 장문의 계약서) • 평균적으로 더 긴 대화 시간(고맥락 문화권의 약 2배)	• 주로 동양 문화권의 커뮤니케이션 방법 • 의미 해석의 높은 가변성: 대화의 맥락과 상황에 따라 의미가 달라짐 • 불분명한 내용: 모호하고 우회적 표현, 의례적인 말 등으로 인해 말의 본뜻을 미루어 짐작해야 함 • 저맥락 문화의 직설적인 표현에 대해 무례하다고 여기거나 당황할 수 있음 • 직접적인 소통이 필요한 토론에서 소극적인 반응을 보임

　　고맥락 문화에서 단순히 말의 표면적인 의미만 읽어서는 눈치 없단 소리를 듣기 일쑤다. 말의 표면적인 내용으로부터 숨겨진 진의를 유추하는 단계가 중요하다는 뜻이다. 그러기 위해서는 대화의 맥락과 상황을 읽는 동시에 상대의 표정과 말의 어조, 자세, 행동까지도 종합적으로 파악할 수 있어야 한다.

　　옛 속담에 '눈치 빠른 사람은 절에 가도 새우젓을 얻어먹는다.'라고 했다. '아닙니다'가 정말로 '아닙니다'가 아님을 아는 사람이 곧 눈치 빠른 사람이다. 절에서 새우젓을 얻어먹을 정도가 되려면 대화의 맥락과 상대의 표정을 읽을 줄 알아야 한다. 얼굴에만 표정이 있는 게 아니다. 말에도

＊김숙현 외 저, 《한국인과 문화 간 커뮤니케이션》, 커뮤니케이션북스, 2006.

표정이 있다.

고맥락 문화에서 더 중요한 말의 표정

말의 속뜻을 파악하려면 맥락과 함께 상대방이 하는 말의 표정을 살펴야 한다. 말의 표정은 빠르기, 높낮이, 세기, 음색 등 다채로운 형태로 드러난다. 한껏 격앙된 어조로 말하는 "뭐?"에는 뜻하지 않은 기쁨 혹은 참기 어려운 분노 등의 감정이 응축되어 있다. "네……." 하고 말끝을 흐리며 뭔가 석연치 않거나 의구심이 드는 속내를 에둘러 표현하기도 한다.

문장 그 자체만으로는 진짜 의도가 무엇인지, 속마음이 어떤지를 정확히 판단할 수 없는 고맥락 문화권에서 말의 표정은 더더욱 중요한 정보가 된다. 그래서 뉘앙스를 제대로 표현하기 어려운 문자 메시지를 쓸 때 흔히 감정을 나타내는 표정 이모티콘을 덧붙이기도 한다. 심지어 이 이모티콘마저 동양과 서양의 표현법이 다르다. 동양에서는 대체로 눈을 강조하는 반면 서양에서는 입을 강조한다.

▼ 이모티콘 동서양의 차이*

동양의 표정 이모티콘	서양의 표정 이모티콘
^^ ㅜㅜ ;;	:) ;) :(
눈 모양을 강조	입 모양을 강조

* 김유래 · 전수진, 〈동서양 문화권에 따른 이미지, 애니메이션 이모티콘 사용 양상 차이점 연구〉, 《Journal of Integrated Design Research》, 인제대학교디자인연구소, 2018.
위키백과, 〈이모티콘〉, Retrieved October 1. 2019(https://ko.wikipedia.org/wiki/%EC%9D%B4%EB%AA%A8% ED%8B%B0%EC%BD%98).

입 모양이 강조된 이모티콘은 직설적인 표현을 주로 하는 서양의 저맥락 문화를 대변한다. 동양에서 쓰는 이모티콘에서 입은 거의 표현되지 않거나 그다지 중요한 정보가 아니며, 대부분 눈에 중요한 정보를 담는다. 직설적인 표현(입으로 하는 말)을 자제하고 눈빛으로 에둘러 표현하거나 상징적이고 은유적인 표현을 주로 쓰는 문화가 이모티콘 표현에도 드러난다.

가면에 가려진 진심을 보여주는 '스피치 코드'

사회 구성원으로서 원만한 대인관계를 유지하게 하는 페르소나(Persona, 가면, 외적 인격)는 종종 속내를 더 깊이 감춘다. 페르소나는 불편한 상황에서도 웃음을 짓게 만들고, 반대되는 의견 앞에서도 고개를 끄덕이게 만든다. 고맥락 사회를 살아가는 이들의 페르소나는 크고, 두껍다.

하지만 아무리 크고 두꺼운 가면을 썼더라도 진짜 얼굴은 일부 드러나게 되어 있다. 그 드러난 일부를 단서 삼아 말하는 상대의 진심을 읽어낼 수 있다. 이를 프로파일링(Profiling)*이라고 하며, 이 책에서는 프로파일링에 필요한 여러 단서를 '코드'라 부르기로 한다.

상대의 말 속에 숨은 코드를 읽을 수 있다면

　　상대의 유형을 파악하여

　　그가 원하는 방식의 대화의 패턴에 맞춤으로써

　　대화의 목적을 달성할 수 있다.

---

*자료수집이라는 의미로, 주로 범죄유형분석법을 뜻하는 수사 용어로 알려져 있다. 본 책에서는 대화에 방점을 두고 상대의 성격 유형과 말의 실제 의미 등을 찾는 방법으로 해석하기로 한다.

상대를 설득한다든지, 메시지를 오해나 누락 없이 효과적으로 전달한다든지, 친밀도나 신뢰도를 높인다든지 하는 여러 가지 목적 말이다. 이는 대화에 있어 개인마다 구분되는 일정한 패턴이 있음을 전제로 한다. 그리고 그 패턴은 훈련을 통해 읽어낼 수 있다. 파악된 상대의 패턴에 따라 대화를 이끌어 간다면 누구를 대상으로 하든 빠른 시간 안에 친밀감을 높이고, 신뢰를 얻을 수 있다.

가장 넓은 범위의 코드에 속하는 고맥락·저맥락 문화의 차이를 살펴봤으니 본격적으로 성별, 표현 방식, 대화 패턴 등 점차 세부적인 단계로 접근하여 스피치 코드를 구분해 보도록 하겠다.

성별 코드 :
남자와 여자의 대화는 어떻게 다른가

체계화의 뇌, 공감의 뇌

퇴근 후 남자 친구 정호 씨를 만난 미연 씨는 오늘따라 표정이 어둡다.

정호 씨는 눈치 빠르게 질문한다.

"회사에서 무슨 일 있었어?"

"나 김 과장 때문에 힘들어서 회사 못 다니겠어."

미연 씨는 최근에 새로 시작한 프로젝트로 상사와의 갈등이 심하다고 한다.

애초에 그 프로젝트에 대해 우려했던 정호 씨가 말을 거든다.

"거봐, 내가 말했잖아. 그 일은 애초에 성사되기 어렵다니까? 팀원들만 죽어난

다고. 딱 내가 말한 대로 되고 있지? 앞으로 과장하고 점점 더 자주 부딪힐걸?

지금이라도 방향 틀자고 설득해봐."

남자 친구 입장에서는 도움이 되라고 한 얘기이지만 어쩐지 미연 씨의 표정은

더 어둡기만 하다.

한동안 정호 씨의 잔소리를 듣기만 하던 미연 씨는 갑자기 가방을 들고 일어난다.

"오늘은 그만 들어가 봐야겠어."

아직도 분위기 파악을 못 하는 정호 씨. 이유를 묻지만, 미연 씨는 그냥 피곤해서 그렇다고만 할 뿐이다.

남자인 정호 씨는 여자 친구의 고민을 듣고 자꾸만 해결하려 든다. 이게 문제고 저게 문제니까 이렇게 저렇게 해결하면 되겠다는 식이다. 하지만 그게 과연 여자 친구가 원하는 답일까? 애초에 스트레스 받는 회사 일을, 잘 알지도 못하는 남자 친구에게 꺼낸 이유가 무엇이겠는가?

정호 씨가 유달리 연애에 서툰 사람일 수도 있지만 아마 많은 남자들이 이런 태도를 취할 것이다. 이는 근본적으로 남성과 여성의 뇌가 다르기 때문이다.

▼ **성별에 따른 EQ 공감지수와 SQ 체계화지수 차이***

[EBS, 서울대 공동연구]

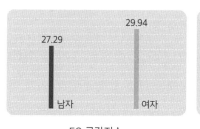

EQ 공감지수
Empathy Quotient

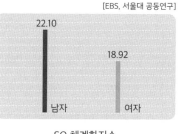

SQ 체계화지수
Systemizing Quotient

*EBS 〈다큐프라임〉 아이들의 사생활 1부 '남과 여'.

공감지수인 EQ와 체계화지수인 SQ 수치가 성별에 따라 차이가 있음을 밝혀낸 EBS와 서울대의 공동연구 결과다. 공감지수는 상대적으로 여자가 높은 점수를 기록하고 있다. 반면 체계화지수는 남성이 더 높다. 즉, 대화를 할 때 남성들은 대개 문제의 해결책을 찾고 빠르게 결론짓고 싶어 하는 반면, 여성은 해결 이전에 감정적인 교류와 공감을 바란다.

체계화의 뇌와 공감의 뇌는 상호 배타적인 측면이 있다. 체계화의 뇌가 극도로 발달하면 공감 능력은 다소 떨어질 수 있다는 뜻이다. 이에 대한 극단적인 사례로 자폐증을 들 수 있다. 영국 자폐증연구센터의 사이먼 배런코언(Simon Baron-Cohen)은 자폐증을 '공감 능력이 부족하고 체계화 능력만 발달한 증상'이라 본다. 실제 자폐증의 남녀 성비도 4:1로 남자의 비율이 통계적으로 더 높게 나타난다.

앞 사례에서도 정호 씨는 미연 씨의 회사 일을 듣고 섣부르게 해결책을 제시하려 든다. 이 문제(프로젝트, 과장과의 관계)를 빨리 해결하고 싶어 하고 또 그것이 여자 친구를 위하는 일이라 판단하기 때문이다. 다만 미연 씨가 회사 일을 화제로 삼은 이유가 문제를 해결해달라는 뜻이 아니라는 점에서 대화의 트러블이 발생한다. 미연 씨는 단지, '그래서 많이 힘들겠구나.' 하는 위로와 공감을 기대했을 뿐이다.

문제에 부딪혔을 때 남자는 '해결'을 원하고, 여자는 '공감'을 원한다. 이 사실 하나만 잘 기억하고 있어도 연애는 한결 쉽게 풀린다. 이때 여자가 문제 해결에 전혀 관심이 없다는 뜻이 아니다. 공감을 원한다는 말은 상황에 따라 이 문제를 함께 해결할 사람이 누가 있는지를 먼저 찾는다는 뜻으로도 해석할 수 있다. 관계 지향적이라는 뜻이기도 하다. 해결 중심적 태도는 종종 성급함으로 드러나곤 한다. 두 스타일의 차이가 반드시 모든 남자와 여자에 해당하지도 않고, 어느 한쪽이 더 우월한 것도 아니다. 개인의 역량과 경험 그리고 상황에 따라 다르다.

🔵 남성과 여성의 뇌 발달 차이와 대화 방식의 장단점

	남성	여성
뇌 발달 특징	체계화의 뇌	공감의 뇌
	수학, 언어, 계획, 분석, 추리, 기억, 정보, 훈련, 판단 영역이 발달	생각, 상상, 색상, 음악, 그림, 감상, 공간, 감각, 감정, 육감이 발달
	분석적, 논리적	감성적, 직감적
장점	• 이성적이고 논리적인 접근을 선호 • 문제 해결을 위한 방법을 신속히 찾음	• 감성적이고 공감을 원함 • 정서적 표현에 능숙함
단점	• 동시에 말과 감정을 활용하기가 어려움	• 감정의 영향으로 냉철한 판단이 어려울 수 있음

이성의 이러한 특성을 잘 이해하는 것만으로도 대화는 한결 부드러워진다. 남성들은 여성의 말에 감정 표현을 더 적극적으로 할 필요가 있고, 여성들은 남성과 대화할 때 결론 위주로 먼저 이야기를 시작한다면 대화의 목적을 더욱 수월하게 달성할 수 있다.

다만 일반적으로 남성들에게 감정 표현은 다소 어려운 과제에 속한다. 평소 감정을 겉으로 잘 드러내지 않기 때문인데, 사회적인 분위기 또한 이를 강요한다. 감정 표현에 서툴다는 건 동시에 타인의 기분을 읽어내는 능력 또한 상대적으로 부족하다는 뜻이기도 하다. 그래서 주로 남성들의 대화는 업무 영역에 국한되어 있다.

"저는 남자이긴 하지만 말이 많아요." 하는 분들도 대부분은 사무적 언어에 치중되어 있으며 일상 대화는 약한 경우가 많다. 대상이나 상황에 대해 감정 표현을 풍부하게 하는 쪽은 아무래도 여성이다. 하루 동안 사용하는 어휘량 면에서 남성에 비해 압도적인 차이를 보이는데 이는 여성 호르몬인 에스트로겐이 바로 언어 능력에 관여하기 때문이기도 하다. 남자와 여자는 태생적으로, 또 사회 분위기상 감정 표현의 빈도와 양과 질에서 차이를 보일 수밖에 없다.

🔘 상대가 남자일 때와 여자일 때, 어떻게 말하면 좋을까?

대화 상대가 남자일 때: 동사를 중심으로

남자들은 주로 문제 해결 중심적인 성향을 보인다. 따라서 이들에게 정보를 전달할 때에는 동사, 즉 '무엇을 하는가?'에 무게를 두는 것이 좋다. 남자들은 메시지가 분명할 수록 체계적이라고 느낀다.

> "오늘 워크숍 일정 안내해 드리겠습니다. 우리는 약 10분 후 주왕산에 도착하게 됩니다. 하차 후 주차장에서 바로 간단한 인원 점검을 마치고, 5시까지 산행을 할 예정입니다. 하산 후에는 일정표에 안내된 식당에서 7시까지 여유롭게 식사를 하시고, 저녁 일정 전까지 자유시간을 가지시면 됩니다. 이후 프로그램은 각 팀 조장님들께서 개별적으로 안내해 주실 예정입니다. 시간 엄수하시고 즐거운 산행이 되십시오."

대화 상대가 여자일 때: 형용사를 중심으로

반면 여자가 많은 단체에서 대화 상대가 여자일 때(동사 중심)와 같은 식으로 안내를 하면 환호는커녕 딱딱하고 재미없다는 반응만 듣기 일쑤다. 여자가 많은 집단에 정보를 전달할 때에는 그들을 위하는 마음이 충분히 전달되어야 한다. 이때 필요한 것이 형용사다. 청중의 머릿속에 그림이 그려지면서 '나를 위해서 기획된 프로그램이다.'라는 느낌을 줄 수 있어야 한다.

"여러분, 먼 길 버스에 갇혀서 오시느라 엉덩이에 슬슬 쥐가 내리시죠? 잠시 후 도착하실 곳은 우리나라에서 엉치뼈 정도에 해당하는 주왕산입니다. 벌써 저 멀리 보이는 화려한 단풍들에 시선이 가 있는 분들이 많으시네요. 근데, 저는 오늘 왠지 단풍들이 제빛을 못 발하는 듯 느껴집니다. 아마 여러분의 미모가 월등해서 제 눈이 여러분한테 가 있기 때문 아닌가 싶습니다. 1박 2일 워크숍 이제 본격적으로 시작할 텐데 여러분 표정을 보니 아직은 근심, 걱정, 스트레스가 잔뜩 쌓여 있는 것 같습니다. 제가 주왕산 정상까지 회사에서 받았던 스트레스 가뿐히 지르밟고 가시라고 갓 수확한 햇단풍으로 레드 카펫 쫙 깔아놨습니다. 내려오실 때는 가지고 오셨던 스트레스 다 내려놓으시고, 허기진 배와 허전한 옆구리만 잘 챙겨 오시면 되겠습니다. 그러면 5시부터는 제가 여러분의 배와 옆구리를 채워줄 파전에 동동주 직접 차려놓고 기다리겠습니다. 그리고 여러분의 핫한 스토리도 기대하겠습니다."

성향 코드 :
맞춤형 대화의 달인이
되어야 하는 이유

내향적인 사람과 외향적인 사람

개인의 성격 구분에 있어 가장 큰 범주는 내향과 외향이다. 사회에서 누구는 다양한 사람들을 만나며 왕성한 활동을 하는가 하면 또 누구는 혼자 조용히 시간을 보내길 선호한다. 사람이 북적이는 곳에서 에너지를 얻는 이가 있는가 하면 오히려 기운이 빼앗기는 사람도 있다. 후자는 주로 혼자 시간을 보내며 에너지를 비축한다. 외향적인 사람이라면 오히려 외로움과 고립감을 느끼겠지만.

성격 유형을 진단하는 MBTI(The Myers-Briggs-Type Indicator, 마이어스-브릭스 유형 지표) 검사에서는 내향과 외향의 구분이 의미 없다고 보기도 한다. 누구나 두 가지 측면을 다 가지고 있으며, 필요에 따라 얼마든지 평소와 다른 반대 성향을 보이기도 한다는 것이다. 실제 강사 모임에 가보면 사석에서는 말 한마디 없이 극도로 내향적이지만 강단에만 서면 전혀 다른 사람이 되는 분들도 많이 본다.

다만 두 기질을 다 가지고 있다 하더라도 어느 한쪽을 더 선호하는 차이는 분명 있다. 내향적인 사람은 집중력이 대단히 높아서 에너지를 한곳으로 모아서 쓰는 사람들이다. 이들은 대인관계에서도 주변 몇몇 사람들에게만 관심과 에너지를 쏟는다.

외향적인 사람의 에너지는 넓게 퍼지는 경향을 보인다. 이들은 빠르게 자신의 활동 영역을 확장시키며, 여러 사람과 두루두루 관계를 맺는다. 굳이 비교하자면 내향적인 사람에 비해 한 사람에게 쏟는 에너지는 적을지 모르나 수많은 관계의 고리를 생성할 수 있는 능력이 있다.

내향과 외향의 성격을 구분하기란 그리 어렵지 않다. 표정에서 먼저 드러나는데, 사람이 모인 자리에서 내향적인 성격의 사람들은 대체로 긴장하거나 굳은 표정을 보인다. 이들은 소수의 사람하고만 깊이 있는 대화를 나누려 할 것이고, 모임 자리가 오래 지속할수록 쉽게 피로감을 느낀다.

외향적인 성격의 사람이라면 모임 자리가 다소 시끌벅적해야 더 에너지를 얻어 밝고 활기찬 모습을 띤다. 이들은 여러 사람과 짧지만 다양한 정보를 주고받으며 교류한다.

내향적인 사람과의 대화법

내향적인 사람은 한 가지 생각을 길게 한다. 주로 자기 자신에게 집중하기 때문에 동기 역시 자기 내면에서 찾는다. 이들과 대화할 때는 차분하게 여유를 가져야 한다. 억지스럽고 과도한 반응보다는 이들의 대화 내용 자체에 귀 기울이며 관심을 보이고, 적절히 질문한다면 친밀감을 형성할 수 있다. 이들은 지나치게 사적인 대화보다는 업무적인, 본론 위주의 대화를 깊이 있게 나누길 원한다.

모임은 이들의 에너지를 빼앗는다. 그래서 목적이 분명할수록 좋고, 억지로 주목받게 하기보다는 간단한 소개 정도만 하고 꼭 필요한 사람하고만 연결해주는 것이 좋다.

외향적인 사람과의 대화법

외향적인 사람은 새로운 환경이나 타인에게 큰 흥미를 느낀다. 경계심을 풀고 밝은 표정으로 환대한다면 쉽게 가까워질 수 있다. 다양한 주제를 놓고 대화가 자연스럽게 이어지기만 한다면 문제가 없다. 여러 사람과 교류할 수 있는 자리라면 어떠한 성격의 모임에서라도 긍정적인 평가를 받을 수 있다. 모임 또한 이들에게는 에너지를 충전하는 자리다.

● 개인주의형의 사람과 관계 지향형의 사람

고맥락과 저맥락 문화를 기준으로 구분하자면, 고맥락 문화에는 아무래도 상호 간의 관계에 더 신경을 쓰는 이가 많고 저맥락 문화에는 개인주의형이 많다. 단적인 예로 우리나라에서는 연예인들이 도박이나 마약을 해도 시간이 지나면 다시 방송 활동을 하는 경우가 많은 것을 들 수 있다. '사람이 실수할 수도 있지' 하는 대중들의 관대함 덕분이다. 엄연한 범죄 행위지만 개인의 실수 정도로 여기고 만회할 기회를 주는 것이다. 물론 개인차는 있겠지만 말이다.

그러나 불륜의 경우는 다르다. 방송 복귀는커녕 '불륜'이 평생 꼬리표처럼 따라다닌다. 범죄도 아니고 지극히 개인적인 일임에도 불구하고 말이다. 우리나라는 연예인의 범죄(도박, 마약)는 용서해도 관계에 있어 믿음을 저버리는 행위에는 굉장히 엄한 태도를 보인다.

그 와중에 개인주의형은 연예인들의 불륜 기사 따위에 별 관심이 없다. 개인의 정체성을 더 중요시하기 때문이다. 이들은 내가 있어야 가족은 물론 조직, 국가도 존재한다고 믿는다. 이들의 정체성은 곧 자신의 선택과 성취와도 이어져 있으며 스스로 주도적으로 행동한다.

반대로 관계 지향형은 개인보다는 자신이 속한 조직의 조화와 협력을 더 중요시하는 경향이 있다. 우리나라의 경우 점차 독립적 성향으로 가고 있으나 전통적으로는 관계를 중시하는 성향을 보인다. 이들은 개인의 정체성을 자신이 속한 조직과 연계해 생각한다. 자신이 속한 조직에 대해 강한 의무감을 가지고 헌신하는 이들의 성향이 과거 '한강의 기적'을 만들었다고 볼 수 있다.

조직에서 이 두 성향이 함께 뭔가 중요한 판단을 해야 하는 상황이라면 서로의 시각차를 이해하고 편견을 줄이려는 노력이 우선시되어야 한다. 이를테면 개인주의형은 본인 업무를 완벽하게 마무리하는 것에만 관심이 있고 그것으로 책임을 다한 것으로 여긴다. 하지만 관계 지향형은 개인보다 팀 전체의 관점에서 업무 성과를 평가한다. 정시 퇴근이 전자에게는 당연한 일이지만 후자에게는 매우 이기적인 행동으로 보일 수 있다.

회의를 할 때도 마찬가지다. 개인주의형은 개인의 역할이 더 중요하다 여길 것이고, 관계 지향형은 역할의 구분보다 구성원의 협업에 비중을 둘 것이다.

▼ 업무를 대하는 관점

개인주의형	관계 지향형
"내 역할은 이것이다." "나만 잘하면 된다."	"우리의 목표는 이것이다." "모두가 힘을 합해야 한다."

그렇다고 해서 개인주의 성향을 이기주의로 해석해서는 안 된다. 마찬가지로 관계 지향적 성향을 집단사고로 보는 시각도 잘못이다. 두 견해를 인정하고 적절한 조화를 이루려는 노력이 곧 건강한 공동체주의를 만들어가는 방법이다.

개인주의형과의 대화법

이들에게 먼저 다가가 인사를 나누면 호감을 얻을 수 있다. 다만 지나친 겸손은 자신감 부족으로 보일 수 있으므로 서로 동등한 입장이라는 전제하에 대화를 나눈다.

일대일로 명확하게 업무를 지시하고 평가 또한 개인의 관점에서 이뤄져야 한다. 의사 결정은 공정하게 이뤄지며, 회의 시간은 핵심만 간추려 효율적으로 진행되면 좋다.

관계 지향형과의 대화법

어떻게 만났고, 어떠한 관계에 있느냐에 따라 친밀도에 차이가 생긴다. 따라서 그들의 테두리 바깥에 있는 외부인에게는 다소 차갑다는 인상을 줄 수도 있다. 개인의 성과나 주장만을 내세우기보다는 함께 의견을 충분히 나누면서 합일된 결론에 도달하는 방향으로 대화의 흐름을 이어가야 한다. 업무로 만났다 하더라도 개인적인 문제에도 관심을 가지면 차츰 친분을 쌓을 수 있다.

● 모험을 추구하는 사람과 안정을 추구하는 사람

모험 추구형의 사고방식은 매우 유연하다. 사고의 유연성 덕에 변화를 쉽게 받아들이고, 미래에 대한 불확실성마저도 당연히 감수해야 할 영역이라 여긴다. 도전 여부를 신속하게 판단해 결정하며, 변화하는 환경에도 빠르게 적응하는 편이다.

반면 안정 추구형의 사람은 변화를 수용하기까지 상당한 시간이 소요된다. 애초에 변화가 왜 필요한지 먼저 이해를 해야 하며, 필요하다면 그 배경과 변수에 대해 철저히 조사한다. 스타트업보다는 시스템이 잘 갖춰진 대기업을 선호하는 편이며 일을 할 때 가장 합리적이고 효율적인 프로세스를 갖추기 위해 노력한다.

사회에서 모험 추구형은 다소 성격이 급한 것처럼 보일 수 있고 안정 추구형은 오히려 지나치게 신중한 것처럼 보일 수 있다. 그러나 업무에 있어 이러한 성격을 장점 혹은 단점으로 판단하는 것은 어리석다. 상황에 따라 다르기 때문이다. 조직에 변화가 필요한 시점이라면 모험심을 발휘해 빠른 추진력을 가져야겠으나 안정화를 위해서는 신중하게 상황과 주어진 여건을 분석해서 체계적이고 꼼꼼하게 시스템을 구축해야 할 필요도 있다.

▼ 업무를 대하는 관점

모험 추구형	안정 추구형
• 일과 사업을 모험이자 즐길 대상으로 여김 • 다양한 변화와 확장성이 있는 일을 선호	• 내 안위를 지켜줄 수단으로 여김 • 변화가 적고 안정적인 일을 선호

모험 추구형과의 대화법

결론부터 핵심만 간추려 말하는 것이 대화에 도움이 된다. 예상치 못한 변수, 시행착오도 충분히 감안하고 있기 때문에 기존의 틀에서 벗어나 새로운 형태의 접근 방식도 논의해 볼 필요가 있다. 지나친 모험을 추구하는 사람들은 자기중심적이거나 때로는 무책임하게 보일 수 있으나 그들의 자유분방한 성격을 이해하고 받아들인다면 얼마든지 대화를 긍정적인 방향으로 이끌 수 있다.

안정 추구형과의 대화법

풍부한 자료를 근거로 사안별로 하나씩 명확하게, 차근차근 짚고 넘어가는 것이 좋다. 이들은 무리한 변화보다는 안전한 방법을 택하는 경우가 많으므로 새로운 시도를 제안하고자 한다면 충분한 근거와 절차가 필요하다. 반대되는 의견에 직접적으로 부딪치기보다는 동의와 지지를 보내는 편이 낫다. 이들을 설득하고 싶다면 더 나은 대안을 전달할 필요가 있다. 지나치게 안정 지향적인 사람은 자칫 자신감이 없어 보이거나 책임을 회피하는 것처럼 보일 수 있으나 충분한 사례와 구체적인 계획을 제시하면서 대화를 이어간다면 좋은 파트너가 될 수 있다.

대화 스타일 코드:
뒤끌 없는 직설과
애매한 완곡어 사이

직설 화법을 쓰는 사람과 간접 화법을 쓰는 사람

대화하면서 가장 상처받거나 오해를 쌓기 쉬운 유형 차이가 바로 이 대화 코드가 아닌가 싶다. 지나치게 직설적인 대화 방식은 상대에게 상처를 주며, 또 필요 이상으로 에둘러 표현하면 오해의 소지가 생긴다.

직설 화법을 쓰는 사람은 핵심부터 단도직입적으로 말한다. 보고 듣고 느낀 바를 가감 없이 있는 그대로 말하며 이유나 목적도 명확하다. 이러한 직설적인 방식이 간접적인 대화를 주로 하는 이들에게는 상처가 되기도 한다. 좋고 싫음을 너무나 분명하게 표현하기 때문이다. 그러나 그들이 직설적으로 표현하는 이유는 그것이 빠르고 효율적이라 여기기 때문이며 그들의 대화는 뒤끌 없이 그 자리에서 끝난다는 장점이 있다.

간접 화법으로 대화를 하는 이들은 핵심을 전달하기 전에 상황을 설명한다. 맥락을 먼저 이야기하고도 결론은 우회적으로 미묘하게 표현한다.

상대와의 관계를 중시하는 유형이 주로 보이는 대화 패턴이다. 오가는 내용은 많아도 정작 의사 결정은 미뤄지거나 실행되지 않고 흐지부지되기도 한다.

직설 화법을 쓰는 사람과의 대화법

직설적인 소통 방식을 취하는 이들을 대할 때 개인주의형 혹은 업무 중심형의 사람들과 대화할 때와 마찬가지로 결론부터 단도직입적으로 말하는 것이 좋다. 대화의 목적을 분명히 하고, 의사 표현이나 이유에 대해 분명하게 표현해도 괜찮다. 논쟁이 오갈 때 다소 거친 언사에도 뒤끝은 없으므로 주저하지 않아도 된다.

간접 화법을 쓰는 사람과의 대화법

간접적인 소통을 방식을 취하는 이들을 대할 때 상호의존적이고 관계 지향적인 사람들과 대화할 때와 마찬가지로 말하면 된다. 대화에 시간과 여유를 두고, 그들의 미묘한 표현 방식에 숨은 의미를 파악할 수 있어야 한다. 전형적인 고맥락 문화의 대화 패턴이라 봐도 무방하다. 따라서 말의 내용 외에도 눈빛이나 목소리, 행동까지 유심히 관찰할 필요가 있다. 이를 통해 이들이 우회적인 거절이나 뭔가 다른 의견을 가지고 있음을 빨리 눈치챌 줄 알아야 한다. 아울러 부정적인 피드백을 전달할 때에는 간접적으로 해야 한다.

가치관 코드 :
누구에게나 통하는 치트 키는 없다

🔵 업무 중심형의 사람과 관계 중심형의 사람

건축 허가 후 민원인 집에 물이 들어와 보상 제기 사례(123~124쪽)와 광고 대행사 대표 B 씨의 사례(125~126쪽)는 업무 중심적 사고와 관계 중심적 사고의 차이를 단적으로 보여준다. 이 두 유형의 차이는 특히 계약의 성사 여부에 결정적인 역할을 하기도 한다. 즉, 친밀감 형성이 업무 성과에 도움을 주기도 하지만 그렇지 않은 예도 있다.

이 두 유형을 구분하기란 그리 어렵지 않다. 업무 중심형의 사람은 대체로 표정이 경직되어 있고 몸짓도 딱딱해 보이는 경우가 많다. 그리고 만나자마자 미팅의 목적을 분명히 하고 이야기를 풀어간다.

관계 중심형의 사람의 표정은 대체로 온화하고 자세 또한 편안한 이미지를 보여준다. 성급하지 않고 우회적이거나 감정에 대한 표현을 많이 쓰며 회의 전 사담으로 먼저 시작하는 편이다. 일에 관심이 없다기보다 이

일을 함께할 당신에게 관심이 더 많다고 보면 된다.

업무 중심형과의 대화법

업무 중심형의 사람은 표현 그대로 '일', 그중에서도 특히 성과와 결과물에 집중한다. 이들은 업무 외적인 분야나 주된 관심사가 아닌 영역에 대해서는 별로 의미를 부여하지 않거나 관심을 보이지 않는 경향이 있다. 비록 겉으로는 경청하는 듯해도 이내 대화 주제를 업무 영역으로 끌고 오려 한다. 처음 만난 사이에도 업무 얘기라면 원활하게 대화가 진행될 수 있다. 이들과 대화할 때는 결론과 목적에 포커스를 두는 것이 좋고, 사담은 가능한 한 짧게 끝내야 한다.

관계 중심형과의 대화법

관계 중심형의 사람은 비즈니스도 결국 관계의 연장선에서 이뤄지는 것이라고 생각한다. 업무 성과라는 것도 훌륭한 팀워크, 즉 원만한 관계를 통해 이뤄낼 수 있다고 믿기 때문이다. 이들은 일만큼 공감대 형성을 중시하므로 같이 일할 땐 사적으로 교류하고 관심을 보임으로써 관계를 돈독히 해두는 것이 좋다.

단순히 생각해보면 업무 중심형의 사람이 효율도 높고 굉장히 실용적인 것처럼 보인다. 하지만 각 유형이 긍정적으로 작용하는가 그렇지 않는가는 개인이 아닌 환경에 따라 달라진다. 특히 한국 사회처럼 고맥락 문화권에서의 비즈니스는 여전히 '관계'에 더 치우쳐 있는 것이 사실이며, 팀원 간의 돈독한 관계가 효율과 성과에도 영향을 준다는 점을 잊어서는 안 된다.

조직의 소통 방식을 오로지 둘로만 분류하라고 한다면 수직과 수평으로 나눌 수 있다. 이는 힘이 흐르는 방향, 즉 조직의 구조를 보여주는 기준이 되며 개인의 대화 방식에도 적용할 수 있다. 수직적 대화를 하는 사람과 수평적 대화를 하는 사람으로 나눌 수 있다.

수직적 소통 방식을 주로 취하는 사람은 업무를 할 때 위계질서를 중시한다. 따라서 직급이 높은 사람의 의견에 가능한 한 맞서지 않고, 제안도 조심스럽게 한다. 이러한 소통 방식을 가진 구성원이 많은 조직이라면 조직 계층별로 그에 맞는 행동이 요구되기도 한다. 수직적 소통 방식이 곧 권위주의를 의미하진 않지만, 폐쇄적이고 경직된 조직에서의 상급자들은 종종 권위적인 것처럼 비치기도 한다. 한편 수직적 분위기의 조직이 가진 최대 장점은 의사 결정과 실행이 빠르다는 점이다. 리더의 판단과 결정이 내려지면 빠르게 업무 지시가 하달되어 직급별로 업무가 분담된다.

반면 수평적 조직에서는 이러한 속도에 다소 제약이 걸릴 수도 있다. 모든 구성원들을 평등적인 관계로 보는 이들에게 권력은 조직 전체에 골고루 분산되어 있으므로 의사 결정을 할 때도 구성원들의 다양한 의견을 수렴해야 하고 대세와 반대되는 의견도 자유롭게 나오기 때문이다. 이들에게는 직급마저도 역할의 차이일 뿐 높고 낮음의 개념이 아니다. 따라서 역할에 대해서도 상당히 유연한 태도를 가질 수 있다.

수직적 성향의 사람과의 대화법

수직적 소통 문화, 혹은 그러한 성향을 가진 사람과 대화할 때는 적절한 형식과 절차가 중요하다. 이러한 조직에서는 최종 결정권자가 누구인지를 먼저 파악하는 것이 업무에 도움이 된다. 대화는 권한을 침해하지 않도록 유의하면서 일의 형식과 절차를 파악하는 방향으로 이끌어가는 것이 좋다.

수평적 성향의 사람과의 대화법

수평적 소통 문화를 가진 조직과의 비즈니스는 다소 시간적 여유가 필요할 수 있다. 의사 결정에 시간이 걸리기 때문이다. 직급에 따른 구분보다는 업무별로 실무자가 누구인지를 파악하는 것이 중요하다. 이들의 규칙은 얼마든지 변할 수 있기 때문에 대화를 할 때도 융통성을 가져야 한다.

대상과 상황에 따라 달리 말하라

3P(People, Purpose, Place)

> 다음 주 수요일에는 교육청에서 주관하는 교수법 세미나가 열립니다. 이번 세미나에는 철학자 ○○○ 박사를 비롯해서 교육대학 ○○○ 총장, 미국 ○○대 교육학 교수 ○○○ ○○○○ 박사, 서울교육청 ○○○ 교육감 등이 강연자로 참여할 예정입니다.
>
> 특히 이날 세미나에는 노벨상 수상 후보인 ○○○ 박사가 '철학이 고등 필수 교과목으로 지정되어야 한다'라는 주장을 펼칠 예정이라고 합니다.
>
> 우리 학교에서는 전 교직원이 빠짐없이 이 세미나에 참석하기로 했으니까 일정에 차질 없도록 준비해주세요.

어느 학교 교장 선생님이 교사들을 대상으로 전달한 내용이다. 만약 당신이 이 학교 교사라면 학생들에게 위 사실을 어떻게 전달할까?

커뮤니케이션을 할 때 가장 먼저 고려해야 할 요소는 대상이다. 청중이 누군지에 따라 전달할 내용과 순서, 목적이 달라지기 때문이다. 대상을 구분하는 기준은 성별, 직군, 나이, 관계 등 다양하다.

대상이 정해지고 나면 대화의 목적을 고려해야 한다. 상대를 설득하기 위함인지, 단순한 정보 전달인지, 혹은 공감을 얻기 위함인지에 따라 내용 구성이 달라진다.

여기에 마지막으로 대화가 이뤄지는 장소까지 포함하여 성공적인 대화를 위한 세 가지 고려 요소를 3P(People, Purpose, Place)라고 부른다.

상대가 누구이며, 어떤 관계인지, 대화의 목적이 무엇인지, 어떤 장소(상황)에서 이뤄지는 대화인지에 따라 같은 내용이라도 다르게 전달할 수 있어야 한다.

▼ 성공적인 대화의 세 가지 요소

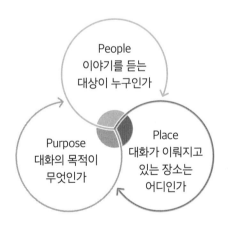

'다음 주 수요일에는 교육청에서 주관하는 교수법 세미나가 열린다.'

이 정보를 학생들에게 전달하라고 하면 보통은 위 내용을 어떻게든 일목요연하게 정리하려고만 한다. 그러나 과연 학생들이 어디서 무슨 세미나가 열리는지, 누가 어떤 강의를 하는지에 관심을 가질까? 이렇게 얘기해보면 어떨까?

"학생 여러분. 다음 주 수요일은 휴교입니다."

이 한 줄만으로도 충분하지 않을까? 휴교한다는 말에 학생들이 보일 반응은 뜨거울 것이다. 세미나가 열리고, 노벨상 수상 후보가 오며, 철학이 고등 필수 교과목으로 지정해야 한다는 주장 따위의 내용은 그 어떤 교사가 아무리 좋은 목소리, 명확한 발음으로 전달하더라도 학생들로 하여금 그저 그런 시큰둥한 반응을 끌어낼 뿐이다. 학생의 입장에서 가장 중요한 정보는 단지 '다음 주 수요일엔 쉰다'라는 사실 뿐이다. 그런데 한 가지 흥미로운 사실은, 관심을 끌 만한 정보를 먼저 제공하고 나면 청중은 그다음 정보에도 귀를 기울이게 된다는 점이다.

다음 주 수요일에 쉰다는 이야기를 전달하고 나면 학생들은 한참 환호성을 지른 다음 이렇게 물어볼 것이다.

"근데 왜요?"

정보를 전달하기 위해서는 먼저 청중이 들을 준비가 되게끔 만들어야 한다. 그러자면 누구에게, 어떤 목적으로, 어떤 상황에서 이야기를 하게 될지를 먼저 생각해야 한다.

대화 상대가 남성일 때와 여성일 때도 대화 내용이 달라질 수 있다. 모든 남자와 모든 여자가 반드시 그렇다는 뜻은 아니지만, 일반적으로 봤을 때 성별에 따라 다른 패턴이 나타난다.

남성은 체계화의 뇌를, 여성은 공감형 뇌를 가지고 있다. 남성은 대화에 있어 논리를 중시하는 한편 빨리 결론부터 내리고 싶어 한다. 한편 여성은 대화의 결론도 중요하지만, 그 이전에 공감을 먼저 기대하는 경우가 많다. 가령 어젯밤에 본 드라마에 대해 이야기 나눈다고 할 때, 남자들은 주로 주인공이 어떻게 됐는지, 스토리와 결말에 관심을 가진다. 애초에 드라마를 대화 소재로 삼는 경우 자체가 드물긴 하지만 말이다.

> "야, 어제 드라마 봤어? 결국, 둘이 다시 만나면서 끝나더라? 내가
> 그럴 줄 알았다니까."

남성의 대화는 대체로 이 정도에서 끝난다. 드라마 결말에 대해 전달했으니 대화의 목적도 동시에 끝이 났고, 따라서 더 이상의 할 말도 떠오르지 않는다. 듣는 상대 또한 남자라면 이런 대화는 그리 문제 삼을 것도 없겠다. 그러나 상대가 여자라면 '이 남자, 나와 대화하기 싫은가?' 하고 여길지 모른다.

여성은 같은 드라마를 보더라도 관심의 폭이 훨씬 넓다. 스토리는 당연하고, 남자 주인공이 그 장면에서 얼마나 멋있었는지, 여자 주인공이 처한 상황에 나라면 어떻게 했을지, 헤어스타일과 옷차림은 어땠는지, 귀

걸이는 어느 브랜드인지, 가격은 얼마인지, 주인공이 저녁 식사를 했던 그 럭셔리한 레스토랑은 대체 어딘지, 기타 등장인물들과의 복잡한 관계부터 장소, 소소한 소품 하나에 이르기까지 모든 것이 대화 소재가 된다.

한편 대화는 직업에 따라서도 내용과 순서를 고려할 필요가 있다. 공무원이나 연구직 등 주로 꼼꼼하고 분석적인 역량을 요구하는 직군 종사자들에게는 가급적 논리적으로 말을 해야 쉽게 알아듣는다. 추상적이고, 비유 섞인 표현이 많아지면 모호하거나 어렵다 여길 수 있다.

대화 주제가 업무의 영역이라면 결론부터 먼저 말하는 것이 좋다. "이번 프로젝트에 대한 구체적 진행 방향에 대한 논의가 필요합니다"라든지, "상반기 매출 보고드립니다"라든지, 무슨 내용의 대화를 나누겠다는 목적이나 결론을 먼저 언급해야 그다음 대화가 매끄럽게 이어질 수 있다. 특히 평소 상사로부터 "도대체 하고 싶은 말이 뭔가?", "그래서 결론이 뭐야?"라는 말을 자주 듣는다면 말의 순서를 다시 점검해 볼 필요가 있다.

다른 세대와 원활히
소통하는 법을 익혀라

🗨 세대 구분에 관한 두 가지 관점

인간은 사회적인 동물이다. 혼자 동떨어져서는 생존하기가 어렵다. 그래서 개인은 집단을 이루고 문화를 형성하는데, 그 문화는 세대를 거쳐 내려오며 차츰 변화한다. 한 문화를 공유하는 이들을 연령대별로 '세대'라 표현할 만한 공통점을 가지게 된다는 뜻이다. 그래서 '요즘 것들'이라 불리는 신세대는 어느 시대에서나 기성세대와는 다를 수밖에 없다.

그런 점에서 X세대니, 밀레니얼 세대니, MZ 세대니 하는 말은 어쩌면 어느 한 세대를 이해하기 위한 노력이라 볼 수도 있겠다. '이들 세대는 이러한 특징을 가지고 있다.'라고 표현하면 대상에 대한 이해의 범위가 넓어지기 때문이다.

하지만 한편으로 꼭 그만큼의 오해와 편견이 쌓이기도 한다. '○○세대'라는 표현은 필연적으로 한 개인의 고유한 개성을 고작 몇 가지 특성으로 묶어버리는 오류를 범하게 된다. 이 오류는 때때로 상대에 대한 선입견을 만든다.

세대를 구분하는 것이 좋은 의미든 나쁜 의미든 구분한다는 자체가 '그들은 우리와 다르다.'라는 인식을 전제로 한다. 이 다르다는 인식이 커뮤니케이션 과정에서는 어떤 문제로 나타나는지 살펴보자.

🔵 다름과 틀림

'서로 존중하고 배려하며 인정하라.'라는 말은 실제 관계 개선에 별 도움이 안 되는 조언이다. '나와 남은 서로 다르다.'라는 말을 다르게 표현한 것뿐이기 때문이다. 안타깝게도 인간의 뇌는 '다름'을 '틀림'으로 받아들이는 데 익숙하다. 그래서 '다르다'고 표현해야 할 상황에서도 무의식중에 '틀리다'는 표현을 쓴다. 좋은 의도로 하는 칭찬일지라도 말이다.

"저 친구는 우리와는 급이 틀려."

"저 식당 진짜 맛집이야. 소스부터 틀리다니까."

"이 책은 깊이가 틀리네. 접근하는 방식부터가 틀려. 놀라워."

'틀리다'는 어떤 올바른 기준이 있다는 전제가 있을 때 쓰는 말이다. 정답에서 벗어났으며, 올바르지 못하고, 따라서 바로 잡아야 할 잘못이 있다는 의미다.

'다르다'는 두 대상을 단순히 비교하는 표현이다. 서로 같지 않다는 말이고, 여기에는 어느 쪽이 더 낮다거나 정답이라는 의미가 내포되어 있지 않다.

'다르다'와 '틀리다', 이 어마어마한 차이를 정작 우리의 뇌는 제대로 구분하지 못한다. 그렇다면 틀림으로 인지한 정보를 다름으로 교정할 수는 없을까?

🗨 그랬구나 한마디의 놀라운 힘

상담심리학에서 쓰는 기법으로 교정할 수 있다. 기법이라고 하니 어려울 것 같지만 방법은 간단하다. 상대의 말과 행동에 단지 "그랬구나"라고 대답하면 된다.

상황을 하나 떠올려보자. 이혼까지 결심한 부부가 마지막으로 관계 개선을 위해 찾은 상담센터에서 심리상담사는 '그랬구나 대화'를 권한다. 상대의 말을 끝까지 경청한 다음 이전처럼 핑계를 대거나, 반박하지 않고 무조건 "그랬구나"라고만 대답하는 것이다.

"나는 그때 당신 행동에 정말 상처받았어."
"그랬구나. 내 행동 때문에 상처를 받았구나."

너무 단순한 나머지 이게 무슨 효과가 있을까 싶겠지만 "그랬구나", 이 한마디의 힘은 어마어마하다. 처음엔 어색하고 어려울 수 있다. 하지만 자꾸 반복하다 보면 차츰 상대를 있는 그대로 수용할 수 있게 된다.

'아, 저 사람은 이렇구나. 이런 상황에서는 이렇게, 또 저럴 때는 저렇게 행동하는구나.' 이러한 인지의 단계를 지나야 비로소 상대는 나와 다름을 알게 된다. '틀림'과 '다름'의 차이를 비로소 깨닫게 되는 것이다.

"그랬구나."

　나는 이 한마디가 세대 구분 없이 전 국민에게 유행처럼 번졌으면 한다. 책 한 권에 걸쳐 장황하게 코드나 각종 기법을 설명했지만 서로를 있는 그대로 받아들이기만 한다면 그런 기술쯤이야 조금 서툴러도 괜찮기 때문이다. 대화의 본질은 마음이 어디를 향하느냐에 있지, 기술에 있지 않다.

　세대 간의 소통도 마찬가지다. 요즘 것들은 버릇이 없다는 둥 기성세대는 죄다 꼰대라는 둥 서로 선을 긋고 판단하는 대신, '그랬구나'로 시작해 서로를 있는 그대로 받아들인다면 어떨까? 한 사람을 있는 그대로 마음에 품을 수 있도록 나를 크게 키워보면 어떨까? 혹여 누군가 '나 때는 말이야' 하며 꼰대스러운 말로 대화를 시작하더라도, '아, 저때는 그랬구나' 할 수 있다면 스스로 더 큰 사람으로 성장할 수 있는 계기가 되지 않을까?

🔵 관점의 전환 그리고 수용

"야, 우리 땐 배가 고파서 나무껍질도 잘라서 삶아 먹고 그랬어.
밥 굶어 봤어?"

사실이다. 그랬던 시절이 있었다. 적어도 요즘 밀레니얼 세대들은 밥을 굶진 않는다. 하지만, 그 험난한 시절을 겪어낸 기성세대 못지않게 녹록지 않은 삶을 살고 있다. 대학 진학률은 월등히 높아졌음에도 불구하고 경쟁은 훨씬 더 치열해졌고, 금융위기 이후 고용 불안과 일자리 감소로 하루하루가 불안하다. '열심히'만 살면 내 집 한 칸 정도는 마련할 수 있었던 시대도 지났다. 이제는 '열심히'가 통하지 않는. 노력이 아니라 '노오오오력'으로도 부족한 시대를 요즘 밀레니얼 세대들은 온몸으로 살아내고 있다.

다른 세대를 이해하려는 노력의 출발점은 먼저 그들이 사는 세계를 자세히 들여다보는 데서 시작한다. 그래서 어쩌면 한 세대로 묶이는 그들의 공통적인 패턴을 관찰하고 이해하려는 접근도 필요할 수 있다. 세대 간의 소통도 서로에 대한 관심과 관찰, 그리고 이해가 바탕이 되어야 가능하며, '무슨 세대'라는 구분도 그러한 노력의 일환이 될 수 있다.

그럼에도 불구하고 이해되지 않는 부분이 있다면 '그랬구나' 하며 있는 그대로 수용하면 좋겠다. 이것이 바로 타인의 입장에 놓인 자신을 상상해보는 '관점전환능력'과 '조망수용능력(Perspective Taking Ability)'이며, 이를 통해 상대의 태도나 감정, 욕구를 훨씬 더 쉽게 이해할 수 있다.

한 단어로 축약하자면 '역지사지(易地思之)'이다. 관계의 변화와 개선에 있어 이보다 더 큰 힘을 발휘하는 태도가 또 있을까. 내가 먼저 상대의 입장을 생각해주면 상대도 내 입장을 이해해주기 마련이다. 모든 변화는 나로부터 시작되는 편이 가장 빠르다는 사실을 잊지 말자.

커뮤니케이션 코드 실전 솔루션

🔵 민원인과는 말이 안 통해요

문제 상황

어느 중소기업에서 강의 의뢰가 들어와 사전 미팅을 갔을 때의 일이다. 대표님은 이전 미팅이 늦게 끝나 30여 분 늦게 도착하셨는데, 그 전에 몇몇 임원분과 먼저 인사를 나누게 되었다.

임원 한 분은 직장 내 소통을 주제로 강의를 요청하긴 했는데, 실은 직원들 간의 소통이 문제가 아니라 대표님과 대화가 안 통한다며 불만이 많았다. 다른 분들도 고개를 끄덕이는 것으로 봐서 일부만 그렇게 느끼는 사안은 아닌 듯했다.

"이야기를 잘 안 들어주시나 봐요?"라고 여쭤봤더니 또 그렇지는 않다고 했다. 어떤 이야기도 끝까지 들어주시고, 중간에 말을 끊는 법도 없다고 했다. 그런데도 회의에 참석한 직원들은 하나같이 답답함을 느낀다고 했다.

이상하지 않은가? 애초에 귀를 닫은 사람도 아니고, 끝까지 잘 듣는데 대화가 안 통한다니. 그 이유를 대표님이 오신 뒤 몇 분 지나지 않아 알 수 있었다.

강의에 대한 회의가 지속되는 동안 대표님은 내내 팔짱을 낀 채 묵묵히 듣기만 했다. 평소에도 매우 과묵한 성격으로, 꼭 필요한 지시가 아니고서는 대체로 말을 아끼는 편이라고 했다. 그날도 회의 시간 동안 그 어떤 리액션도, 피드백도 없었다. 그리고 가끔 다른 의견이 있을 때면 말이 끝날 때 즈음 미리 손을 앞으로 뻗어 저지하는 듯한 동작을 반복하곤 했다.

커뮤니케이션 코드 솔루션

커뮤니케이션은 상대가 듣게 될 내용에만 신경 쓸 것이 아니라 내가 어떻게 보이는지를 알아야 한다. 특히 리더의 커뮤니케이션 역량은 곧 한 조직의 색깔을 결정하기도 하고, 흥망성쇠의 중요한 키가 되기도 한다.

이 회사 대표의 경우 가장 먼저 팔짱을 끼는 습관부터 고치는 것이 좋다. 귀로 듣고 있다 하더라도 몸은 거부의 의사를 표현하고 있기 때문이다. 팔짱을 낀 상대와 마주하고 있으면 마치 벽을 보고 이야기하는 듯한 기분마저 든다. 더군다나 아무런 리액션도 없다면 말이다.

손을 뻗어 저지하는 동작은 팔짱보다 더 심각하다. 귀로는 끝까지 듣는다 하더라도 손동작을 통해 '잠깐만', '이제 그만해', '내가 말할 거야'라고 끊임없이 신호를, 그것도 매우 강하게 준 셈이기 때문이다. 경청의 기술을 익히기 전에 최소한 비언어적으로 하지 말아야 할 동작만 고쳐도 상대가 느끼는 감정은 크게 달라질 수 있다.

경청은 그리 어렵지 않다. 상대가 말하고 있을 때 가볍게 고개를 끄덕이고, 중요한 메시지에서는 말의 일부를 되돌려 주는 백트래킹만 잘해줘도 충분하다. 그리고 가끔 몸을 앞으로 조금 기울여 주기만 해도 임직원들은 자신들의 말을 대표가 경청하고 있다고 느낀다.

다음으로 말, 즉 쓰는 언어를 바꿔야 한다. 리더로서 갖춰야 할 언어에는 세 가지 요소가 있다. 명확한 캐릭터를 가지고, 스토리에 메시지를 담아 전달할 수 있어야 한다.

대표가 지나치게 말이 많아도 문제일 수 있지만, 그렇다고 너무 없어도 직원들은 거리감을 느낀다. 회사에서 필요할 때, 필요한 말만 하면 그만이라고 생각한다면 '소통'의 중요성을 전혀 모르고 있다는 뜻이다. 어떤 조직도 결국 일의 성과는 사람에 의해 나오는 것이고, 일의 성과가 반드시 이성적이고 논리적인 사고와 판단에 의해서만 일어나지도 않음을 알아야 한다.

위에서 눈치 보고, 밑에서 치이는 중간 관리자의 고충

문제 상황

지난해 과장으로 승진한 김진호(가명) 씨는 이후 회사 생활에 대한 고충이 이만저만이 아니다. 대리로 있을 때는 그저 시키는 일만 잘하면 그만이었는데, 과장이 되고 나서는 윗선에 보고도 직접 해야 하고, 부하 직원들의 업무까지 다 챙겨야 하기 때문이다. 특히 얼마 전 입사한 신입 사원은 하루가 멀다고 사고를 치는데, 원래도 남한테 싫은 소리를 잘 못하는 성격이라 결과 보고만 듣는 부장의 지적을 혼자서만 오롯이 감내하고 있다.

회사마다 혹은 업무 내용에 따라 다르긴 하겠지만 보통 사원이나 대리 직급은 주어진 역할만 제대로 수행해도 일 잘한다는 평가를 받을 수 있다. 그러나 직책이 높아질수록 역할뿐 아니라 직장 구성원들과의 관계에도 변화가 생긴다. 사원과 대리 정도의 직급은 '독립적'인 성향이어도 별 무리가 없는 경우가 많다. 그러나 한 부서를 총괄하게 되고, 상사와의 긴밀한 소통이 필요한 중간 관리자 이상으로 올라가게 되면 관계 지향적인 역량의 필요성을 체감하게 된다. 이전에는 '내게 주어진 역할만 잘 수행하면 된다'에서, 승진 후에는 '우리 조직의 목표'가 무엇인지, 또 그 목표를 수행하기 위해 '구성원들이 어떻게 힘을 모아야 하는지'를 고민할 차례인 것이다.

독립적인 업무 스타일을 가졌던 사람이 상호의존적 성향의 역할을 제대로 수행하기 위해서는 무엇보다 소통 방식의 이해와 변화가 필요하다.

커뮤니케이션 코드 솔루션

① 회사 사람들과 가까워지는 소통의 단계

업무적으로 만난 사회적 관계에서 친분을 쌓기란 쉬우면서도 어렵고, 어려우면서도 쉽다. 한솥밥을 먹으며 공통의 목표를 향해 같이 고생한다는 입장에서 보면 가까워지기에 쉬운 여건이 조성되어 있다. 그러나 서로의 성향 차이를 이해하지 못하고 자기주장만 되풀이하다 보면 직장 동료만큼 서로 스트레스를 주는 관계도 드물다. 이 양극단의 관계를 좋은 방향으로 이끄는 데는 사회적침투이론(Social Penetration Theory, 1973년 알트먼[Irwin Altman]과 테일러[Dalmas Taylor]에 의해 제안되었으며, 친밀한 관계의 두 개인의 상호작용을 이해하기 위한 이론)이 유용하다.

사회적침투이론이란 관계가 발전함에 따라 대인 간의 커뮤니케이션이 상대적으로 얕고 덜 친밀한 수준에서 더 깊고 친밀한 수준으로 이동해 간다는 내용을 담고 있다. 서로 피상적인 단계에서 친밀한 단계의 자기노출을 지속적이고 순차적으로 교환함으로써 보다 긴밀한 관계로 발전해 갈 수 있다. 인간관계에서 거리감은 결국 타인에게 자신을 얼마나 드러내느냐에 따라 결정된다.

인간관계를 양파에 비유하고 있는 사회적침투이론의 단계를 순차적으로 나열하면 크게 다섯 단계로 구분할 수 있다.

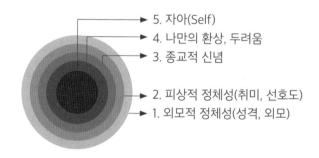

5. 자아(Self)
4. 나만의 환상, 두려움
3. 종교적 신념
2. 피상적 정체성(취미, 선호도)
1. 외모적 정체성(성격, 외모)

관계는 서로 상호적이다. 나를 먼저 열면 상대도 마음을 열게 된다. 그 전제 조건은 자신을 이해해 줄 수 있는 상대방에게만 자기 이야기를 하는 것이다. 경청의 중요성은 여기서도 또 한 번 강조된다.

② 업무 지시는 구체적으로

회사 내 대화에서는 구성원들이 서로 쓰고 있는 개념의 차이가 어느 정도인지도 확인해볼 필요가 있다.

오른쪽의 과일의 이름을 물어보면 모든 사람이 '파인애플'이라고 대답한다. 그러나 누가 만약 '아나나스'라고 부른다면 어떨까? "마트 갈 때 아나나스 하나만 부탁해."라고 한다면 알아듣고 파인애플을 사올 수 있을까?

한국인 대부분이 '파인애플'이라고 알고 있는 이 과일은 다른 이름으로 '아나나스'라 불리기도 한다. 그리고 더욱 놀라운 사실은 영어권을 제외한 대부분 국가에서 약간의 발음 차이는 있지만 '아나나스'라 불리고 있다는 점이다.

Croatian	ananas	Esperanto	ananaso
Czech	ananas	Estonia	ananass
Danish	ananas	Finnish	ananas
Dutch	ananas	French	ananas
English	pineapple	German	ananas
Irish	anann	…	…

조직에서는 업무 분야에 따라 수많은 용어와 개념들이 사용된다. 이는 문화권에 따라서도 다르지만, 개인마다 차이를 보이기도 한다.

③ 간장 '조금', 소금 '적당히', 후추 '약간'

'조금'과 '적당히' 그리고 '약간'이 의미하는 실제 양이 모든 요리사에게 모두 같다는 보장은 없다. 업무를 지시하는 데 있어서도 추상적인 용어, 혹은 오해의 여지가 있는 말을 하고 있지는 않은지 살펴야 한다. 업무지시를 구체적으로 하라는 의미는 언제까지 해오라는 기한 설정에만 적용되는 것이 아니다.

> 내가 그의 이름을 불러주었을 때
> 그는 나에게로 와서
> 꽃이 되었다
> 　　　 - 김춘수, 「꽃」 중에서

조직에서 신뢰를 형성하는 데에는 많은 시간이 필요하다. 여러 사건을 함께 겪으며 차츰차츰 인식하지 못할 정도로 천천히 쌓는 것이 신뢰다. 하지만 그 긴 신뢰 형성의 시간을 조금이라도 줄여 주는 팁이 하나 있다. 김춘수의 '꽃'이라는 시에 그 힌트가 있는데, 바로 그 사람의 이름을 불러주며 대화하는 것이다.

모임에서 딱 한 번 마주친 상대가 다음 만남에서 내 이름을 기억해준다면 어떨까? 이유는 모르겠지만 감사한 마음이 들 것이다. 이것은 나라는 사람의 이름을 기억해주는 것만으로도 존재의 가치를 인정받는 느낌이 들기 때문이 아닐까.

직장에서도 마찬가지다. 그 사람의 이름을 불러주는 것만으로도 직원은 상사에게 인정받는 느낌을 받는다. 그래서 한때 우리나라 기업에서는 직책 대신 '○○○님' 하고 서로의 이름을 불러주는 문화가 잠시 유행한 적이 있다. 수직적인 문화에 익숙한 기업이 많아 그리 오래가지는 않았지만 말이다.

민원인 앞에만 서면 나는 왜 작아지는가

문제 상황

강사나 각종 행사 진행을 전문으로 하지 않더라도 프레젠테이션을 자주 해야 하는 일반 직장인들이 꽤 많다. 발표도 자꾸 하면 는다고 하지만 익숙하지 않은 경우에나 그렇고, '발표 불안'을 가진 분들에게 반복은 그저 되풀이되는 악몽에 불과하다. 남 앞에 자주 선다고 해서 저절로 발표에 대한 공포증이 치료되는 경우는 거의 없다.

강사도 발표 공포로부터 자유롭진 않다. 그들도 결국 사람이기 때문에 남들 앞에 섰을 때 긴장하기는 매한가지다. 거꾸로 전혀 긴장하지 않아도 문제다. 긴장이 풀어지면 흐트러진 모습과 함께 말실수를 할 수도 있기 때문이다.

유난히 긴장을 많이 하는 강사가 있었다. 초보라 그렇기도 하지만 유난히 긴장을 많이 하는 분이었다. 얼굴이 빨개지는 건 둘째 치고, 막상 강의를 시작하면 머릿속이 하얗게 된다. 처음에 멋모르고 시작할 땐 안 그랬는데, 오히려 제대로 공부하기 시작하면서 더 긴장하게 되었다고 한다. 분명 강의는 좋아하는데, 포기하고 싶지도 않다며 어떻게 해야 하나 물어온 적이 있다.

혹자는 이렇게도 말한다. '마음속으로 청중을 깔보면 된다'라고.

"야, 여기 온 사람들 어차피 너보다 몰라. 그러니까 긴장하지 말고 청중들 무시해. 살짝 깔보면서 하면 괜찮아. 그러면 긴장이 덜 될 거야."

일견 그럴듯해 보인다. 그러나 심상은 표정으로, 몸짓으로 그대로 드러난다. 상대를 깔보는 마음으로 하는 강의를 과연 청중들이 알아채지 못할까? 그런 강의가 과연 의미 있을까? 애초에 강의의 의미가 무엇인가. '긴장하지 않으려고' '실수하지 않기 위해' 하는 것이 강의의 목적인가? 강사란 어떤 사람인가. 발표 자리가 많은 일반인도 마찬가지다.

커뮤니케이션 코드 솔루션

스피치는 어떻게 말하느냐가 아니라 어떻게 보일 것인가가 더 중요하다. 발표 불안을 다스리기 위해서는 여러 측면을 다뤄야 하지만 가장 중요한 건 결국 마인드이다. 마음의 시선이 어디를 향해 있느냐가 결과를 크게 좌우한다.

'잘해야지. 틀리지 말아야지. 준비한 내용을 다 전달해야 해.' 이런 생각들은 어깨에 힘이 들어가게 만든다. 그 대신 '오늘 오신 분들에게 무슨 이야기를 전달해드리면 좋을까? 어떻게 하면 이분들을 도울 수 있을까?'라고 생각해 보자. 마음의 방향이 청중을 향하게 되면 놀랍게도 긴장이 줄어드는 것을 알 수 있다.

마음 외에 실제 나의 시선 처리 방법도 다시 점검해볼 필요가 있다. '아이 콘택트 연습법'도 반복하면 도움이 된다.

내가 긴장하고 있음을 솔직히 인정하는 것도 의외로 큰 도움이 된다.

"오늘 여러 훌륭하신 분들을 모시고 앞에 서니 긴장이 됩니다."

단지 이렇게 말하는 것만으로도 오히려 긴장이 줄어든다. 심리 치료에서도 핵심은 먼저 본인의 현재 상태를 인지하는 것이라고 말한다. '내가 지금 긴장하고 있구나'라고 자각하는 것만으로도 긴장감을 크게 덜 수 있다. 오히려 '긴장하지 말아야 해'라는 부정어는 뇌에서 '긴장해야 해'라고 인식하게 된다. 뇌는 부정어를 인지하지 못하는 까닭이다. 단적인 예가 어린아이에게 물을 한 잔 떠오라고 시킨 다음 "쏟지 마! 절대로 쏟으면 안 돼!"라고 부정적인 명령을 하는 것이다. 그러면 거꾸로 아이가 물을 쏟을 가능성이 높아진다. '물을 쏟아야 해'라고 인식했기 때문이다.

간단하게는 자세만 바꿔도 자신감이 생긴다. 심리 상태가 비언어로 발현되듯이 거꾸로 자세가 심리에 영향을 주기도 한다. 어깨와 몸을 잔뜩 구부린 상태가 오래 지속되면 점점 의기소침해지고 기분이 침울해지는 것을 느낀다.

중요한 발표를 앞두고는 어깨와 가슴을 활짝 펴고, 의자에 앉아서는 일부러 다리를 벌리는 등 몸집을 최대한 크게 만들어두는 것이 좋다.

자신감을 북돋우는 데 '탁월성의 원' 훈련법도 도움이 된다. 자신감이 넘쳤던 상황을 떠올린 다음 내 발밑으로 가상의 원을 그리고 그 안으로 들어가는 것이다.

앵커링 기법도 긴장을 덜고 자신감을 고취시키는 탁월한 방법 중 하나다. 앵커링(Anchoring)이란 특정 반응을 불러일으키기 위하여 특정 자극을 적용하는 것으로, 자극을 반응과 연결하는 기법을 말한다. 행동주의 심리학에서 말하는 조건형성의 개념에 해당하는데, 인간의 모든 행동은 앵커링의 결과라고도 할 수 있을 정도로 밀접하게 작용한다.

▼ 나만의 앵커링 만들기*

> 앵커링은 단순한 자극으로도 연결할 수 있는데, 먼저 내가 탁월한 성과를 도출하기 위해 도움이 되는 내면적 자원에는 어떤 것들이 있는지를 파악해야 한다. 자신감 외에도 결단력이라든지, 창의력, 평정심 등이 있다.
>
> 다음은 과거 그러한 감정이 충만했던 상황을 떠올려본다. 시험에 합격했을 때라든지, 뜻한 바를 이뤘을 때, 그 당시의 기억을 최대한 상세히 떠올린다.
>
> 그 당시 느낌, 기분을 충분히 되새긴 다음 엄지손가락 끝으로 검지손가락을 꾹 누른다. 이 행위로 인해 과거 자신감이 충만했던 기분에 손가락 끝의 자극이 닻을 내리듯 연결이 된다.
>
> 이후 잠시 다른 생각을 하면서 환기를 시킨 다음 같은 방법으로 앵커링을 시도해 본다. 손끝을 꾹 누르기만 해도 자연스럽게 자신감이 생기는 기분을 느낄 수 있게 되는데, 자극이 약하다면 앵커링 과정을 몇 차례 반복하는 방식으로 연결을 더욱 강화시킬 수 있다.

---

*조셉 오코너 · 존 시모어 저, 설기문 외 역, 《NLP 입문》, 학지사, 2010.

문제 상황

하루는 어떤 부부가 함께 찾아온 적이 있다. 그들은 서로 간의 대화에 뭔가 문제가 있다고 했다. 지나치게 무뚝뚝한 남편과 잠시도 말이 끊이지 않는 아내는 누가 봐도 균형이 맞지 않아 보였다.

학원에서 상담하다 보면 가끔은 본의 아니게 심리상담사의 역할을 요구받을 때도 있다. 물론, 전문 지식도 없이 섣부르게 상담을 해주고 있다는 뜻은 아니다. 그저 묵묵히 들어줄 뿐이고, 그중에서 커뮤니케이션에 관련한 부분만 조심스레 조언을 드릴 뿐이다. 비전문가가 다른 분야도 아니고 사람 심리에 함부로 접근하는 행위는 매우 위험하다. 그런데 커뮤니케이션도 마찬가지다. 제대로 배운 전문가가 아닌 사람이 함부로 '말하는 법'에 대해 조언하면 오히려 오해를 사거나 좋지 못한 습관만 생길 수 있다.

현재 자신의 말투는 오랜 습관이 빚어낸 산물이다. 말을 빠르게 쏟아내는 사람, 느릿느릿 말하는 사람, 말에 뾰족뾰족한 가시가 있거나 내가 손해를 보더라도 남한테 싫은 소리 한번 못하는 사람……. 이들 모두 그럴 만한 주변 환경이 있었다. 당연하게도 무뚝뚝한 남편도 그럴 만한 이유가 있어 습관이 된 것이고, 아내의 화법도 일종의 습관이며 그럴 만한 이유가 있었을 것이다.

사람들이 말수가 적은 이유는 할 말이 없어서가 아니라, 상대가 내 말에 관심이 없다고 생각하기 때문이다. 과묵함은 '성격'이 아니라 과거의 인간관계 속에서 기대가 무너져 생긴 '습관'이다.

— 마이클 니콜스, 『대화의 심리학』

여자들이 아무리 요구해도 남자들의 대화량은 턱없이 부족하기만 하다. 남자들이 아무리 노력해도 여자들의 대화 욕구는 채우기가 어렵다. 하루에 쓰는 단어의 수에서부터 압도적으로 차이가 있기 때문이다. 심지어 대화의 방향마저도 다르다. 남자들은 결론 위주로 단순명료한 대화를 선호하는 반면, 여자들은 감정에 대한 공감을 위주로 대화한다. 서로의 균형과 조화를 맞추려는 노력은 기본적으로 성별에 따른 차이를 이해하는 데서 출발한다.

부부, 혹은 연인의 애정 지수를 높이는 데 결정적으로 필요한 것은 서로가 함께한 추억이다. 이를 다른 말로 공유 기억이라고 부른다. 기억은 한 개인에게 있어 정체성을 규정하기도 한다. 정체성을 '나는 누구인가'라는 질문에서 출발한다면 결국 그 해답의 상당수는 과거에서 찾을 수밖에 없다. 내가 누구에게서 태어났고, 어떤 환경에서 자랐으며, 어떤 추억을 가지고 있는가 하는 '뿌리'가 곧 '나'라는 존재의 정체성을 보여주는 요소다.

동시에 '타자'의 기억 또한 '나'라는 존재에 대한 기억과 더불어 정체성을 형성하는 데 기여한다. 타자에 대한 체험과 그로 인한 변화 과정 또한 '나'의 일부분이 되기 때문이다.

이러한 맥락에서 연인 혹은 부부 관계는 사회에서 만난 타인과는 비교

할 수 없을 정도로 개인의 정체성에 깊이 관여한다. 따라서 사랑을 매개로 엮인 두 사람의 관계를 더욱 돈독하게 만드는 요소 중 하나도 결국은 함께 한 추억, 공유 기억을 얼마나 많이 가지고 있느냐에 달려 있다. 그래서 연애라는 것도 끊임없이 공유 기억을 만들기 위해 노력하고, 과거의 공유 기억을 자주 끄집어내어 함께 되새겨 보는, 그러면서 서로가 함께한 시간과 감정들을 확인하는 과정이라 하겠다.

커뮤니케이션 코드 솔루션

① 인사의약과 어생기바

연인 혹은 부부 사이에서는 서로 아무리 궁합이 잘 맞는다 하더라도 감정이 상하는 일이 생길 수밖에 없다. 서로를 만나기 이전까지 서로 다른 환경이나 서로 다른 가치관을 형성해 가며 살아왔기 때문이다. 한 번도 싸우지 않은 커플이 드물고, 만약 그렇다면 어느 한쪽은 속병을 앓고 있는 경우가 많다.

때로는 다투고 난 뒤 서로의 애정이 더 돈독해지곤 하는데, 이때는 싸움에도 지켜야 할 룰이 있다. 절대로 헤어지자는 말은 함부로 뱉지 않아야 하고, 아무리 실망하고 화가 나더라도 서로의 자존심은 건드리지 말아야 한다. 그리고 자기 잘못에 대해서는 분명 사과할 줄 알고, 또 용서할 줄도 알아야 한다. 싸움을 더 크게 키우지 않고 끝내기 위한 사과와 용서에도 방법이 있다. 두 가지만 기억하면 된다. '인사의약'과 '어생기바'이다.

'인사의약'은 인정하고 사과하며 상대의 의사는 어떤지 묻고 약속하는 것이다. '어생기바'는 '어……'로 잠시 감정을 추스른 다음 생각과 기분을 말하고 바로 결론으로 원하는 바를 말하는 것이다.

▼ 인사의약

[인정] "오늘 6시 만나기로 했는데 내가 7시에 왔지?"

[사과] "미안해."

[의견] 중요한 건 상대의 마음. "네 마음이 어떻게 해야 풀릴까?"

[약속] "다음부턴 안 늦을게."

▼ 어생기바

[어…] 바로 말을 꺼내지 말고 '어…' 하며 3초간 멈췄다가 사실을 먼저 얘기한다.

"6시 약속인데 7시에 왔네?"

[생각] "내 생각엔 네가 나보다 회사 일을 더 중요시하는 거 같아."

[기분] "그럴 때면 소외당하는 기분이 들어서 너무 서운해."

[바로] 바로 이야기한다. "다음부턴 안 늦었으면 좋겠어."

② 좋은 관계를 유지하기 위해 필요한 거리

사람과의 관계가 좋을 때 '사이가 가깝다.'라는 표현을 흔히 쓴다. 그러나 사람과 사람 간의 거리는 너무 가까워도 문제가 된다. 좋은 관계를 유지하기 위해서는 역설적으로 적당한 거리를 두는 법을 알아야 한다.

'서로 침범하지 않는 영역을 남겨둘 필요가 있다.'

고슴도치는 날이 추워지면 서로 온기를 나누려고 가까이 모여든다. 그러나 너무 가까이 붙으면 서로의 가시로 인해 상처를 입게 된다. 체온을 나누려 가까이 모이지만, 그렇다고 너무 가까우면 상처 입는 이들이 있다. 이를 두고 독일 철학자 쇼펜하우어(Arthur Schopenhauer)는 저서에 '고슴도치 딜레마(Hedgehog's Dilemma)'라는 표현을 썼다. 애착 형성의 어려움을 빗대어 표현한 말이지만 인간관계에 있어 이 거리는 오히려 관계 형성과 유지에 더 도움을 준다.

인간은 누구나 자율성에 대한 욕구를 가지고 있다. 하지만 관계의 거리가 좁혀지면 좁혀질수록 오히려 상호의존성이 더 증가한다. 상호의존성은 얼마든지 상대에 대한 과도한 요구, 비현실적인 기대, 참견 등으로 이어질 수 있다. 특히 꼰대들이 '너를 위한 조언'이라는 이름으로 이 영역을 종종 침범하는 실수를 범하곤 한다. 가족이라 하더라도 서로의 영역은 반드시 지켜줘야 한다.

CS 리더의 커뮤니케이션

CS 리더의 역할

CS(Customer Service, 고객서비스) 리더의 역할은 무엇일까? 관리자와 리더는 어떻게 다른지 그리고 아마추어와 프로는 어떤 차이가 있는지를 한번 비교해 보자.

▼ 관리자 vs. 리더

관리자	리더
• 눈앞의 이익에 관심을 둠 • 조직원을 감시 • 잘못을 꾸짖음 • 일을 바르게 함 • 권위에 의존 • 공포를 심어줌 • "내가"라고 말함 • 방법을 알고 있음 • "언제, 어떻게"라고 물음	• 미래의 전망을 내다봄 • 직원에게 감사 • 잘못을 고쳐줌 • 바른 일만 함 • 협동에 의존 • 신념을 심어줌 • "우리"라고 말함 • 방법을 가르쳐 줌 • "무엇을, 왜?"라고 물음

▼ 아마추어 vs. 프로

아마추어	프로
• 불을 찜	• 불을 피움
• "난 하고 싶었어."라고 함	• "난 하고 싶었어."라고 함
• 구름 아래 비를 봄	• 구름 위의 태양을 봄
• 생각한 뒤 뜀	• 뛰면서 생각함
• 직책으로 영향력을 행사함	• 삶으로 영향력을 행사함

CS 리더의 역할은 다음과 같다.

첫째, 그룹 요구 사항(Group needs), 작업 요구 사항(Task needs), 개인 요구 사항(Individual needs)을 관리한다.

둘째, 내부 서비스 관리를 한다. 여기에는 서비스 철학과 서비스 신조 등의 서비스 문화, 서비스 커뮤니케이션 관리와 피드백 신조 등의 서비스 지도 스킬이 포함된다.

셋째, 서비스 인재 양성자 지도, 서비스 프로세스 이해, 서비스 품질 관리 등의 고객 서비스 관리를 한다.

넷째, CS 마인드와 스킬 향상을 위한 관련 활동을 한다. 여기에는 서비스 교육, 이벤트 등의 서비스 캠페인, 서비스 모니터링과 피드백, VOC(Voice of Customer, 고객불만사항) 관련 교육 활동 등의 서비스 클리닉과 만족도 조사, 모니터링 결과와 같은 서비스 활동 보고 등이 포함된다.

● CS 리더가 가져야 할 10가지 핵심 역량

CS 리더는 어떤 역량을 가지고 있어야 할까? CS 리더가 가져야 할 10가지 핵심 역량은 다음과 같다.

① CS 리더의 철학

고객과는 수평적 관계이며 파트너라는 믿음이 있어야 한다. 서비스를 제공하는 만큼의 효과를 기대할 수 있으니 서비스 철학을 가져야 한다. 일류는 '철학'을 추구하지만, 이류는 '기술'에 집착한다.

② CS 리더의 비전

조직원 전체와 서비스 철학을 공유하고 내부 고객 입장에서 비전을 고려한다.

③ CS 리더의 혁신

잘못된 부분이나 부족한 부분을 개선한다.

④ CS 리더의 열정

적극적으로 파트너십을 공유하려는 노력을 하고 모든 내부 고객을 포용한다.

⑤ CS 리더의 애정

내부 고객인 파트너에게 관심을 보이고 파트너와의 관계 발전에 보람과 행복을 느낀다. 파트너에게 무관심하거나 조건적 애정 자세는 경계해야 한다. 파트너의 성장을 경계하는 행동은 금물이다.

⑥ CS 리더의 신뢰

파트너와 윈윈(win-win) 차원에서 이루어지며 파트너의 고충에 자발적으로 참여한다. 리더의 신뢰는 지속적인 서비스 제공으로 형성되는 장기간의 승부이다.

⑦ CS 리더의 욕구 파악 능력

파트너가 리더에게 기대하는 욕구 3가지는 심리적 욕구, 방법적 욕구, 창조적 욕구이다. 심리적 욕구는 리더로부터 배려, 칭찬, 성원을 받고 싶은 욕구이다. 방법적 욕구는 리더가 방법, 해답, 모범적인 대안을 제시해 주길 바라는 욕구이다. 창조적 욕구는 리더가 비전을 만들고 창조적인 아이디어로 미래를 구체적으로 설계해 주기를 바라는 욕구이다.

⑧ CS 리더의 서비스 창조 능력

리더 스스로 서비스 창조 능력을 발휘하고 파트너를 서비스 리더로 육성한다.

⑨ CS 리더의 업무 능력

일상적 업무의 효율적 수행 능력을 말하며 한 방향으로 치중하는 것은 리더로서 부적격하다.

⑩ CS 리더의 인간 관계 능력

좋은 인간 관계는 리더의 필수 요소이다. 리더는 수평적 사고를 가지고 기대 효과를 받아들인다. '다름'과 '틀림'을 구별하고 권한 위임을 통한 자율성을 부여한다.

CS 리더의 학습 원칙(학습 성과의 원칙)

CS 리더의 학습 원칙에는 5가지가 있다.

① 직접적인 경험을 통한 직접 경험의 원칙
② 학습자 개인차에 맞춘 개별화의 원칙
③ 자발성이 높을수록 생기는 자발성의 원칙
④ 집단적으로 실시할 때 생기는 사회화의 원칙
⑤ 결과 확인과 교정에 의한 피드백의 원칙

CS 리더가 신경써야 할 부분

CS 리더는 다음 10가지를 신경써야 한다.

① 고객과 가장 가까운 직원 지원하기
② 서비스에 대한 책임을 직무기술서에 포함시키기
③ 고객과 접촉하는 모든 직원 교육하기
④ 고객과의 모든 접촉점 서비스를 조사하고 피드백하기
⑤ 서비스를 모든 직원의 관심사로 만들기
⑥ 직원에게 권한 위임하기
⑦ 피드백 자주 교환하기

⑧ 내부고객에게 관심 갖기

⑨ 고객이 좋아하는 서비스 확인 제공방법 모색하기

⑩ 뛰어난 직원 인정하기

CS 강사로서의 자질

CS 강사로서의 자질에는 기본 요소와 동기 부여 요소가 있다.

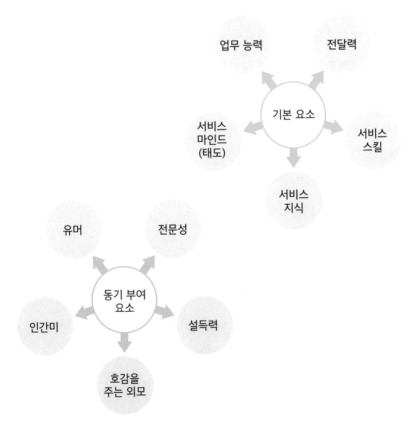

CS 리더의 커뮤니케이션

용모와 복장

한 남성에게 한 번은 허름한 작업복을 입게 하고, 또 다른 한 번은 깔끔한
정장을 입게 하여 무단 횡단하도록 하였다. 이 실험에서 보행자들은 허름
한 작업복을 입은 사람을 따라가는 것보다 정장을 입은 사람을 따라 덩달
아 건너가는 비율이 3배 이상 높았다. 깔끔하게 정장을 입은 사람이 어떤
사람인지, 무엇을 하는 사람인지 잘 모르지만 왠지 믿을 만하다고 생각한
것이다. 겉모양으로 사람을 판단해서는 안 된다고 하지만 용모와 복장 상
태는 잘 모르는 사람에게 중요한 정보가 되며 특히 고객을 만나는 현장
직원의 단정하고 깔끔한 용모와 복장은 고객에게 매우 긍정적 영향을 미
친다. 특히 첫인상과 회사의 이미지를 결정할 수 있고, 일의 성과나 직장
의 분위기에도 영향을 줄 수 있기 때문에 단정한 용모과 깨끗한 복장은
매우 중요하다.

근무복을 입는 것은 회사의 입장에서는 시각적인 안정감과 편안함을 고객에게 전달할 수 있고, 직원에게는 소속감 등의 심리적인 효과를 유도하여 효율적이고 능동적인 업무 처리를 할 수 있다. 착용자의 입장에서는 오염 등의 불안감이 감소하고 사복을 입었을 때 느끼는 정신적, 경제적 부담감을 덜 수 있다.

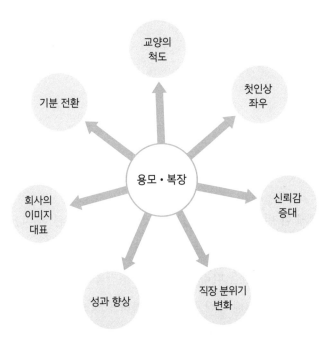

🔵 남성의 단정한 용모와 복장 기준

머리 흘러내리지 않는 단정한 앞머리와 헝클어지지 않은 뒷머리를 해야 하고, 길이는 뒷목을 가리지 않아야 한다. 자연스러운 머리색과 청결을 유지하고, 머리카락은 윤기 있게 손질되어 있어야 한다.

얼굴 깨끗한 피부와 코털은 밖으로 보이지 않아야 하며 면도는 필수다.

손 항상 청결하고 손톱도 깔끔하게 손질되어 있어야 한다.

복장 청결은 기본이며 소매나 깃 부분에 세심한 주의를 기울인다. 단추는 느슨하지 않게 다 채우며 다림질과 바느질 상태를 수시로 살핀다. 소매와 바지의 길이가 자신에게 맞는지 살핀다.

소모품 이름표는 자신의 얼굴이므로 바른 위치에 단다. 벨트와 구두는 복장과 같은 계열의 색으로 하고 구두는 청결해야 하며 굽 상태를 점검한다. 향수는 진하지 않고 타인에게 불쾌감을 주지 않아야 한다.

▼ 남성의 단정한 복장과 단정하지 못한 복장

단정한 머리

깨끗한 피부와 면도

기능적이고 품위 있는 복장

알맞은 바지 길이 (바짓단이 구두 등에 가볍게 닿는 정도)

복장과 비슷한 색상의 구두

비듬, 헝클어진 머리

삐져나온 코털

입 냄새, 땀 냄새

구겨진 양복

양복에 흰색 양말

🔵 여성의 단정한 용모와 복장 기준

머리 앞머리는 흘러내리지 않게 단정해야 하고, 머리는 일에 방해되지 않게 묶는다. 지나친 파마나 진한 염색은 하지 않는다.

화장 너무 진하거나 야하지 않아야 하며 청결하고 건강한 느낌이 들어야 한다. 눈화장은 약간만 하고 속눈썹은 달지 않는다. 립스틱은 회색이 도는 빛깔은 사용하면 안 된다.

손 손톱은 짧고 깨끗하게 하고 네일 애나멜은 연한색으로 벗겨지지 않도록 한다.

복장 출퇴근 복장은 디자인이 지나치게 화려하지 않아야 하고 근무복 착용 시 신분증은 정위치에 부착한다. 청결, 다림질, 바느질 상태를 수시로 점검한다. 스타킹은 피부색과 같은 계열이어야 하고 속옷은 비치지 않도록 한다.

소모품 구두는 청결해야 하고 굽 상태는 괜찮은지 점검한다. 액세서리는 방해되지 않는 것으로 최소의 개수로 하고 향수는 진하지 않게 한다.

▼ 여성의 단정한 복장과 단정하지 못한 복장

근무하기 편한 단정한 머리

자연스럽고 밝은 느낌의 화장

적당한 크기와 디자인의 액세서리

구겨지지 않고 깨끗한 복장

근무복에 맞는 신발

지나친 염색 머리

진한 화장

화려한 액세서리

깊게 패인 옷

자극적인 향수

🔵 인사

우리는 인사하는 모습 하나 만으로도 상대의 됨됨이를 가늠할 수 있으며 예로부터 인사를 통한 마음 자세를 예절의 기본 척도로 삼아 왔다. 단정한 태도와 부드러운 표정이 조화를 이룬 정중한 인사를 나의 문화로 정착하도록 노력해야 할 것이다.

[인사의 Key Point]
하나, 내가 먼저 한다!
하나, 눈 맞춤을 한다!
하나, 밝게 밝게 밝게!
하나, 상황에 따라 한다!

인사법 - 기본편

일상생활 중 어른이나 내방객을 맞을 때는 상체를 30~ 40도 정도 숙이고 인사를 한다. 전통 인사법의 평절에 가까운 인사로 가장 기본이 되는 인사이다.

인사말을 반드시 같이 하며 허리를 너무 빨리 일으켜 세우면 정중한 느낌이 들지 않으니 주의해야 한다.

■ 인사의 6단계
1단계: 바른 자세로 상대를 향해 선다.
- 시선은 상대의 미간을 응시한다.

- 어깨에 힘을 뺀다.

- 가슴과 등을 곧게 편다.

- 여성은 두 손을 앞으로 모아 아랫배 위에, 남성은 바지 옆선에 가볍게 주먹을 쥐어 올려놓는다.

- 뒤꿈치는 붙이고 발의 앞쪽은 30도 정도 벌린다.

2단계: 상대방의 눈을 보며 친절하게 인사말을 건넨다.

- 상대방이 인사를 받을 수 있는 상황인지 확인하고 '솔'음의 목소리로 밝게 인사말을 건넨다.

- "안녕하십니까?", "어서 오십시오.", "고맙습니다.", "반갑습니다."

3단계: 상체를 정중하게 굽혀서 인사한다.

- 시선은 자연스럽게 아래로 향한다.

- 고개를 움직이지 않는다.

- 머리와 허리는 일직선이 유지되어야 하며 턱을 잡아당겨 인사 시 턱이 먼저 앞으로 나가지 않도록 주의한다. 배를 끌어당기는 기분으로 허리를 굽힌다.

4단계: 상체를 숙여 잠시 멈춘다.

- 시선은 발끝 1~2미터 앞에 둔다.

- 약 1초간 멈춘다.

5단계: 천천히 상체를 든다.

- 상체를 숙일 때보다 천천히 든다.

6단계: 똑바로 선다.

- 시선은 상대의 미간을 응시한다.
- 상대방을 진심으로 환영하고 반기는 마음으로 대화를 나눈다.

인사법 - 약례편

목례(약례)란 인사 중 가장 가벼운 인사를 말한다. 전통 인사법으로 본다면 반절에 해당하는 인사로 간략한 예를 표현하는 인사이다. 복도나 실내 등에서 자주 만나게 되는 사람에게나 아랫사람, 친구, 동료 간에 할 수 있는 인사로 상체를 15도 정도 숙이는 인사이다.

하나에 상체를 구부리고 둘에 상체를 펴면 된다. 목례는 짧은 시간에 이루어지는 것이므로 반드시 미소를 짓는 것을 잊지 말아야 한다. 엘리베이터 안이나 통화 중일 때, 복도나 계단에서 마주쳤을 때, 사무실을 방문할 때 목례를 한다.

인사법 - 정중편

감사나 사죄하는 마음을 전하는 경우, 집안의 어른이나 직장의 CEO를 뵐 때, 정중한 고객을 맞이할 때 하는 인사이고 전통 인사법의 평절에 해당한다. 이때의 인사는 상체를 45도 혹은 그 이상 완전히 굽혀 전달하고자 하는 인사의 의미를 상대가 충분히 알 수 있도록 해야 한다.

하나, 둘, 셋에 허리를 구부리고 넷에서 동작을 정지시키며 다섯, 여섯,

일곱에 허리를 천천히 들어준다. 이 인사는 가장 정중한 표현이므로 가벼운 표정이나 입을 벌리고 웃는 등의 행동은 삼가야 할 것이다.

일반적인 보행 시 인사를 나누어야 하는 대상과 서로 다른 방향으로 걷고 있다면 걸음 30보 이내에서 인사를 하는 것이 바람직하다. 인사를 나눌 대상과 서로 마주쳐 지날 때는 걸음 6~7보 정도에서 인사를 나누는 것이 좋다.

인사를 나눌 대상과 갑자기 마주치게 되거나 측면에서 만나게 되는 경우는 상대를 확인하는 즉시 인사를 나누되, 상대방의 인사에 응답하기보다는 내가 먼저 인사를 건네는 것을 습관화하도록 노력해야 한다. 타인이 자기를 알아보지 못하더라도 내가 아는 사람이면 반가운 인사를 건네는 것이 바람직하다.

화장실에서 아는 사람을 만나거나 상대가 식사 중 혹은 운전 중인 경우는 눈을 마주치는 정도의 가벼운 목례로 인사해야 한다. 이런 경우 지나치게 아는 척을 하거나 정중하게 오래 인사를 하는 것은 도리어 상대에게 실례가 되는 행동이다.

전화 예절

전화는 정보화 시대의 요체이며 업무상 중요한 수단으로 회사의 이미지를 결정하는 중요한 요소이다. 전화 예절의 특성은 고객 접점의 제1선이며 얼굴 없는 만남이고, 예고 없이 찾아오는 방문객이라는 것이다. 비용이 발생하며 보안성이 없기 때문에 전화 예절은 중요하다.

전화 응대의 3대 원칙은 친절, 신속, 정확이다. 빨리 받고, 먼저 인사

하고, 오래 기다리게 하지 않으며 내용을 정확히 전달하고, 끝인사를 꼭
한다.

▼ 전화기 근처에 두어야 할 것들

- 메모 용품
- 필기도구
- 전화번호부
- 전화번호 리스트

전화 응대 방법

① 전화 응대의 기본

- 애매하고 납득하기 어려운 표현은 삼가고 차근차근 조용히 이야기한
  다. 복잡한 내용의 경우 메모를 하고 요점을 되풀이하여 확인한다.
- 불필요하게 긴 인사를 하거나 필요 없는 말은 삼가고 간단명료하게
  용건을 전달한다.
- 상대방의 불쾌한 말씨에도 정중히 한다.
- 적합한 존칭과 경어를 사용한다.
- 실내에서 큰소리로 전화하는 것은 삼간다.
- 메모를 남길 때는 전화 온 시간, 전화 온 사람, 용건 등을 기록한다.
- 전문용어는 되도록 삼가며 쉬운 말로 한다.

② 전화를 걸 때

- 전달하고자 하는 내용을 정리하여 확인한다.
- 메모지와 펜, 기타 필요한 자료를 준비한다.
- 자신의 소속과 성명을 정확히 밝히고 인사한다.

  "고맙습니다. ○○기관 ○○팀 ○○○입니다."

  "안녕하십니까? 바쁘신데 전화로 죄송합니다."
- 상대방이 이름을 밝히지 않을경우 "○○○"이십니까? 하고 정중히 물어본다.
- 불필요한 말의 반복을 피하고 간단명료하게 한다.
- 전달하고자 하는 내용을 상대방과 확인한다.
- 회신을 요구할 때는 회신 시기, 방법 등을 요청하는 내용과 함께 정확하게 제공한다.

③ 전화를 받을 때

- 벨이 3번 이상 울리지 않도록 바로 받는 것이 예의이다.
- 왼손은 수화기에, 오른손은 메모 준비를 한다.
- 자신의 소속과 성명을 정확히 밝힌다.

  "정성을 다하겠습니다. ○○단체 / ○○기관 ○○팀 ○○○입니다."
- 전달자의 용건을 경청하여 메모한다.
- 용건의 내용을 다시 한번 확인한다.

④ 고객을 기다리게 할 때

- 기다리게 하는 이유를 설명하고 고객의 상황을 확인한다.

  "지금 ○○○님께서 다른 전화를 받고 계십니다. 잠시 기다려 주시겠습니까?"

- 10 ~ 20초마다 상황을 보고한다.

  "전화 연결이 늦어지는데요. 조금 더 기다리시겠습니까? 메모를 남겨 드릴까요?"

- 기다려 주신 데 대한 감사의 인사를 한다.

  "기다려 주셔서 고맙습니다."

⑤ 다른 사람에게 연결할 때

- 연결 예고를 한다.

  "네, ○○○님 곧 연결해 드리겠습니다. 혹 전화가 끊어지시면 ○○○○-○○○○번으로 걸어 주시기 바랍니다." (만약의 경우를 위해 직통 번호를 알려 준다.)

- 담당자와 전화 연결 여부를 확인후 후 끊는다.

⑥ 전화를 연결 받을 때

- 연결 받을 때도 소속과 이름을 분명히 밝힌다.

  "감사합니다. ○○팀 ○○○입니다"

⑦ 동시에 여러 전화가 오는 경우

- 통화하던 사람에게 양해를 구한 후 다른 전화를 받아 용건, 연락처 등을 받은 후 원래 통화하던 사람과 통화한다.

  "죄송합니다. 지금 다른 전화를 받고 있는데요, 성함과 연락처를 남겨 주시면 바로 전화드리겠습니다."

⑧ 상대방의 목소리가 들리지 않는 경우

- 상대방이 듣고 있다는 마음으로 이야기한다.

  "(고객님) 죄송하지만 한 번 더 (좀 더 크게) 말씀해 주시겠습니까?"

  "고객님, 죄송하지만 전화 상태가 좋지 않은 것 같습니다. 번거로우시겠지만 다시 한 번 걸어 주시겠습니까?"

⑨ 담당자가 부재 중일 때

- 담당자가 부재 중이라는 것과 그 사유를 설명한다.

  "죄송합니다. ○○○님께서 지금 회의 중입니다."

- 통화 가능한 시간을 알려 준다.

- 메모를 남길지 다시 전화할지를 확인한다.

  "메모를 남겨 드릴까요? 아니면 다시 전화 주시겠습니까?"

- 일시, 이름, 연락번호와 간단한 메모를 한다.

- 확인된 내용을 반복하여 확인한다.

  "전화번호가 ○○○○-○○○○번이시라고요? ○○○님께서 통화 원하신다고 전해드리겠습니다."

- 담당자에게 메모를 전달한다. 이때 받은 사람을 꼭 기재한다.

- 일정 형식의 메모지를 준비하여 사용한다.

  주의해야 할 표현: "나중에 다시 하세요." (통화 가능시간을 알리고 메모를 받아 이쪽에서 전화를 거는 것이 도리에 맞다.)

⑩ 전화를 끊을 때

- 더 남기고 싶은 내용은 없는지 확인한다.

  "더 궁금하신 사항은 없으십니까?"

- 추가 인사를 전한다. ("감사합니다. 좋은 하루 되십시오.")

- 고객이 전화를 끊은 후 수화기를 놓는다. (상대가 끊기 전에 내가 먼저 끊어버리면 상대에게 무례한 느낌을 줄 수 있으며, 마지막 전할 말을 못 듣는 경우가 있다.)

▼ 이런 응대는 삼간다!

- 전화를 마구 다른 곳으로 돌린다.
- "담당이 아닙니다."
- 장시간의 사적인 대화를 한다.
- 전화기를 난폭하게 놓는다.
- 불쾌하게 전화를 받는다.
- 전화기 주변에서 소음을 낸다.
- 통화가 끝난 후 큰소리로 내용을 말한다.
- 전화를 받는 사람이 아무도 없다.

고객 컴플레인 잠재우기

고객 불평의 이해

컴플레인(Complaint)이란 서비스 유형에 대해 심리적으로 갖는 기대, 희망, 가치에 대해 흡족하지 못하거나 기대 수준에 미치지 못할 경우 고객으로 불평불만이나 요구가 발생하는 상황을 의미한다. 고객의 불만, 오해, 편견 등을 풀어 주는 일을 컴플레인 처리라도 하는데 대부분의 직원들이 컴플레인 처리를 귀찮은 일, 판매 후의 뒤치다꺼리로 인식한다. 성의를 다하는 컴플레인 처리는 기업의 신용을 더 높여 주고 고객과의 관계를 효과적으로 유지시켜 주는 지름길을 제공한다.

컴플레인 발생 원인

회사 측에 책임이 있을 때

발생 원인	주요 내용
직원 접객	• 직원의 무성의한 접객 태도 (언행/복장 불량) • 고객 요구에 대한 거절 (교환/환불 거절, 수선(AS)거절 등) • 상품 지식 미비로 인한 부정확한 거절 • 고객과의 약속 불이행 • 계산 착오 등 업무 처리 미숙
상품 불만	• 상품의 하자 (품질/기능/식품 불량 등) • 상품 가격 (가격 차이/가격 표시 불량) • 수선, AS에 대한 불만 (수선 불량, 수선품 분실 등) • 상품 구색 미비 (디자인/색상 없음, 브랜드 없음) • 상품 포장 불량으로 인한 파손
시설 불만	• 매장 환경에 대한 불만: 냉난방 시설, 조명, 탈의실, 안내 표시, 통행로 등 • 고객 편의 시설에 대한 불만: 엘리베이터, 에스컬레이터, 주차장, 화장실, 휴게실
제도 불만	• 카드 관련: 복잡한 발급 절차, 청구서 지연, 한도 불만, 승인 지연 • 기타: 영업시간, 휴무일, 허위 광고 표시 등

고객 측에 책임이 있을 때

발생 원인	주요 내용
상품 지식 및 인식의 부족	세탁 과실 및 상품 취급 부주의로 인한 상품 하자 발생
고객 변심	사정 및 감정의 변화 → 교환/환불 요구
고의, 악의	• 할인의 구실 • 거래를 중단 또는 바꾸려는 심리 • 고압적인 고집 ('고객은 왕이다'의 심리) • 성급한 결론, 독단적인 해석, 기억 착오, 과실 불인정

제3자에게 잘못이 있는 경우

- 수송이 지체되는 경우
- 수송상의 손실이 있는 경우

고객 컴플레인 유형과 행동의 종류

Voicer	기업에 직접 말하는 고객
Passive	자신의 불평을 적극적으로 처리하지 않는 수동적인 고객
Irates	분노하는 고객으로 실질적인 불평의 강도가 정도를 넘는 고객
Activist	불평뿐 아니라 적극적으로 불평 행위를 취하는 고객

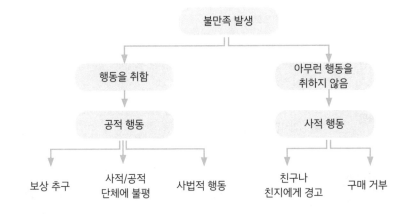

고객 컴플레인의 중요성

불평은 고객이 원하는 것이 무엇인지 가르쳐 준다. 아무리 고객 서비스를 잘하고 있어도 내가 알지 못하는 부족한 부분이 있기 마련이므로 소비자의 불평을 오히려 장려하여 불평에 귀 기울이는 노력이 필요하다. 불평하지 않는다고 우리의 고객에 대한 서비스가 다 이루어졌다고 생각할 수 없으며 일반적으로 불만족한 고객의 94% 이상은 말없이 우리 곁을 이탈한다.

불평하지 않고 말없이 우리 곁을 이탈하는 고객은 다른 사람에게 자신의 불평을 이야기함으로써 기업에 치명적인 결정타를 입힐 수 있는 존재이므로 오히려 불평을 제기하는 고객에게 감사하는 마음을 가져야 한다.

사례 2 **평범한 고객 한 명이 연간 매출 3조 2,000억 엔**(약 30조 원)**이 넘는 일본의 세계적 전자 기업의 무릎을 꿇게 한 사건**

비디오 플레이어 구입 고객이 제품에 이상이 생겨 고객서비스 센터로 전화를 했으나 직원은 시종일관 불친절한 목소리로 상담했고 고객도 퉁명스러운 직원의 대답에 슬슬 짜증이 났다.

> 고객: "친절하게 상담해 주는 게 직원의 업무가 아닙니까?"
>
> 직원: (어이없다는 듯 폭언을 퍼붓고 그 고객을 '상습 불평꾼'이라고 몰아세우면서 전화를 일방적으로 거칠게 끊음)
>
> 고객: 무례한 응대에 화가 난 고객은 그 전화 내용을 녹음하여 자신의 인터넷 홈페이지에 올렸고 고객이 올린 음성 파일은 놀라운 속도로 확산되어 한 달 조회 수가 200만을 넘어섰다.

많은 사람들이 사실을 알게 되자 수 십 년간 쌓아온 회사의 좋은 이미지는 점점 나빠지기 시작했지만 회사는 심각한 문제가 아니라고 판단, 고객을 명예훼손죄로 고발하자 소비자들은 아무 잘못 없는 개인 고객에 대한 거대 기업의 횡포라며 소비자 운동단체와 함께 불매운동을 전개했다.

결국 전화 상담이 있은 지 4개월이 지나서야 기업 이미지가 한순간에 추락하고 매출이 급감하는 데 대한 심각성을 느낀 회사의 부사장이 공식 사과문을 발표했다.

직원과 조직을 따로 생각하는 고객은 없다. 서비스 센터에서 전화를 받는 직원들 입장에서는 수십 통, 수백 통 중의 한 통이지만, 고객의 입장에서는 절대 그렇지 않음에 유의해야 한다. 고객은 사소한 한 번의 만남으로 회사의 이미지를 평가한다는 것을 명심해야 한다.

사례 2 일본의 유명한 음식점에서 직원의 친절도를 알아보기 위해 몰래 카메라를 촬영

> **연기자**: 음식이 나오자 음식에 대한 불만을 늘어놓으며 귀찮게 여러 번 직원들에게 심부름을 시킴
>
> **직원**: 부드러운 표정과 정중한 태도로 묵묵히 고객의 불만을 듣고 수용하면서 고객이 원하는 대로 서비스 함.(한 번도 귀찮은 표정이나 언짢은 말 없이 한결같이 미소를 잃지 않음)
>
> **몰래 카메라 촬영자**: "어쩌면 이렇게 친절할 수 있습니까?"(내심 "귀찮게 하는 고객 때문에 속으로는 화가 났다"라는 말을 기대하면서)
>
> **직원**: "오늘 참 재미있는 분이 오셨다고 생각했지, 화는 나지 않았어요"

대부분의 직원들은 '오늘 정말 이상한 고객 때문에 미치겠군. 정말이지 장사 못해 먹겠네.' 혹은 '대충 먹고 가면 되지, 대체 왜 이리 깐깐하게 구는 거야'라고 생각할 수 있다. 하지만 변덕스러운 고객은 그때그때의 감

정에 충실한 사람이고, 귀찮은 고객은 차라리 재미있다고 생각하자.

여러분이 만일 부정적인 생각을 갖고 있다면 다음과 같이 긍정적으로 변화시켜 보자.

불평 많은 고객	솔직하게 기업의 문제점을 알려 주는 고마운 고객
변덕스러운 고객	그때그때의 감정에 충실한 고객
잘난 척하는 고객	똑똑하고 지적인 고객
깐깐한 고객	섬세한 고객
허황된 고객	꿈 많고 열정적인 고객
말이 많은 고객	표현력이 좋은 고객

● 고객 컴플레인 응대 포인트

구분	개념	고객에 대한 기대 효과
수용	• 고객의 이야기에 적극적으로 맞장구쳐 주는 기술 • 고객에 대한 존중의 마음을 바탕으로 성의있는 자세의 말과 행동	• 열의 있게 의사 전달 • 경청자에게 호의 • 문제 해결자로서 기대
반복	• 고객의 말을 그대로 받아 되풀이 • 고객이 하는 이야기의 핵심 부분 중 슬픔, 후회, 노여움, 감동, 경악 등 감정이 서려 있는 말에 특히 되풀이 반응	• 자신이 이해받고 있다는 만족, 안도감 • 경청자를 친절하고 성의 있는 사람으로 인정해서 열의 있게 의사 전달 • 경청자에게 호의 • 문제 해결자로서 기대
명확화	• 고객을 대신하여 직접적으로 표현되지 않는 감정적인 부분을 대신해서 의식화하여 표현 "고객님, 많이 당황하셨죠!" "저라도 속상했을 겁니다." • 수용이나 반복보다 훨씬 높은 수준의 경청 기술	• 문제 해결 기대 • 경청자에 대한 호감 및 신뢰감 조성

우리는 항상 이렇게 해 왔어요	➡	시정하겠다는 의지를 확신시켜라
고객의 말 도중에 끼어든다	➡	고객이 차근차근 말할 수 있도록 한다.
고객의 불만을 건성으로 듣는다	➡	말을 가로 막거나 다투지 않고 메모한다.
"저 고객이 별난 거야!"	➡	불만을 말하는 고객에게 감사하라.
이제 처리는 끝났어	➡	결과를 통지하고 감동시켜라 (사후 관리)

🔵 고객 유형별 특징과 응대법

대표적인 행동 유형인 DISC로 보는 고객 유형과 그에 따른 응대법이다.

D형 고객 특징		응대법	해서는 안 되는 말
완벽한 D형 고객	• 보상 접수 우선 언급 • 결론부터 말함 • 상담사의 말을 자름 • 듣고 싶은 부분만 듣고 하고 싶은 말만 함	• 자신감 있는 목소리 • 정확한 답변 • 핵심적인 대안 제시 • 결론 미리 언급 • 고객 존중	"제가 먼저 말씀드 릴게요."
성격이 급한 고객	• 빠른 말 속도 • 단답형 대답 • 상담사의 말을 자름 • 결과 위주로 불필요한 말 • 상대방의 말을 듣지 않음		

I형 고객 특징		응대법	해서는 안 되는 말
전형적인 I형 고객	• 친근한 음성 • 사람, 관계 지향적 느낌 • 질문은 하지만 답변만 들음 • 관계 지향으로 추가 질문 못함	• 적극적인 맞장구 • 간결한 부연 설명 • 상담 흐름 주도 • 공감대 형성 • 필수 안내 강조	"규정상 어렵습니 다."
말이 많은 고객	• 한 가지 질문에 긴 대답 • 중요하지 않은 주변 내용도 모두 이야기 함		

S형 고객 특징		응대법	해서는 안 되는 말
자신감 없는 고객	• 음성이 작음 • 끝말이 흐리고 끝맺음이 불명확 • 할 말만 하며 묵음이 많음	• 일방적인 상담 주의 • 차분한 음성 • 상대방의 감정 확인 • 정중한 언어 표현 • 인내심	"설명드린 대로만 하시면 돼요."
"네, 네."만 하는 고객	• 음성이 부드러움 • 상담사 질문에 답변을 잘함 • 원활하게 상담이 진행 됨		

C형 고객 특징		응대법	해서는 안 되는 말
질문이 많으며 정확한 답변을 원하는 고객	• 음성이 다소 차갑고 딱딱함 • 무언가 평가하는 듯한 느낌 • 정확한 답변 요청 • 재차 확인 질문	• 정확한 업무 전달 • 정확한 근거 제시 • 생각할 시간 필요 • 신뢰감 주는 언어 표현 • 음성 변화 주의	"이 부분은 제가 더 잘 아는데요."

효과적인 컴플레인 처리 요령

컴플레인 처리 절차

구분	Flow	비 고
1차	고객 → 협력사원 → 담당(SM, ASM, FM) → 팀장	• 권한 내: 즉각 처리 • 권한 외: 반드시 상사 보고
2차	소비자 → 고객 상담실 ※ 상담실에 처리 의뢰 시에는 내용 및 처리 결과 통보 원칙 (처리의 일관성 유지)	• 1차 처리가 안 될 경우 • 1차 처리 부서에서 독자적으로 처리가 곤란한 경우 • 회사 정책 차원에서 처리해야 할 필요가 있는 경우 • 고객이 직접 상담실 방문한 경우

효율적인 Recovery(불만 회복) 요소

1. 사죄(사과)	3. 공감대 형성 적극 경청	2. 신속 대응, 중간 보고 약속 이해
4. 물질적/심리적 보상 의지		5. 사후 처리

물리적 보상은 신속하고 책임감 있게 완벽하게 처리해야 하며, 심리적 보상은 정성과 이해가 수반되어야 한다.

고객 컴플레인 처리 4단계

구 분	처리 포인트	단계별 응대 용어
1단계 (경청 사과)	• 고객의 입장에서 불만족 사항을 경청하고 공감한다. • 선입관을 버리고 고객 감정을 진정시킨다. (논쟁이나 변명은 절대 금물)	"네,(고객님) 그러셨군요." "고객님, 정말 죄송합니다."
2단계 (공감 표시)	• 고객의 성격, 요구 사항을 파악한다. • 문제점 파악 및 원인을 분석한다. • 관점을 바꾸어서 재검토한다. • 객관적으로 사실을 추구한다.	"네, 고객님의 기분 충분이 이해가 됩니다." "네, 고객님, 많이 불편(불쾌)하셨겠습니다."
3단계 (대안 제시 /설득)	• 불만 사항에 대해서 해결 방안을 제시하고 신속 정확하게 처리한다. • 정중히 성의를 가지고 납득시킨다. • 고객에게는 끝까지 책임을 진다.	"고객님, OO한 방법이 있는데 괜찮으시겠습니까?" "고객님, 제가 담당자를 불러(연결해)드리겠습니다." (본인이 해결 불가능한 경우) "고객님, 제가 바로 OO해 드리겠습니다." (I Do Message)

| 4단계
(거듭
사과와
감사) | • 불만 고객의 최종 만족 정도를 파악한다 (Happy call).
• 고객 재방문을 유도하고 고정 고객화한다.
• 재발 방지 대책을 수립하고 사전 예방한다. | "고객님, 도움을 드리지 못해 정말 죄송합니다."
"고객님, 다시 한번 진심으로 사과드립니다."
"감사합니다." |

※ I Do Message란?

　고객이 불쾌감을 덜 느끼게 하면서 적극 처리하겠다는 나의 감정과 의사를 전달하는 표현이다.

컴플레인 처리의 3변 원칙

　사람(상담자), 시간, 장소(분위기)를 바꾸어 컴플레인을 처리하도록 한다.

구 분	내 용	유의 사항
사람을 바꾼다	협력사원 → 상사 (담당 직원, SM, ASM, FM)	고객에게 꼭 중간 보고를 한다.
시간을 바꾼다	즉답을 피하고 냉각 기간을 둔다.	
장소(분위기)를 바꾼다	• 서서 이야기하는 고객을 앉게 해서 진정시킨다. • 매장에서 사무실이나 상담실로 안내한다. • 상사가 직접 차 대접을 하는 것은 큰 성의 표현이다. 잠시 고객이 혼자 흥분을 가라앉힐 수 있는 시간적 여유가 된다.	가능한 고객 몸에 손대지 않는다.

컴플레인 전화 응대 시 유의 사항

구 분	응대 요령	유의 사항
1단계	• 전화 거는 고객의 이름, 용건을 미리 알아내어 재빨리 사과의 말을 한다. "네, ○○ 고객님이시군요, 저희 쪽에서 불편을 끼쳐 드려 대단히 죄송합니다."	• 고객이 성명을 밝히지 않을 경우 굳이 알려고 하지 않는다. • 원인과 상황에 상관없이 먼저 사과한다는 마음가짐을 갖는다.
2단계	• 전화를 건 고객의 말에 귀를 잘 기울인다. • 상대방의 의사를 부정하는 말은 지양하고 긍정적으로 응대하여 상대방의 이야기를 성의 있게 경청하고 있음을 알린다.	• 논쟁이나 변명은 피한다. • 고객의 감정적인 말에 이끌리지 않는다.
3단계	• 고객의 이야기를 잘 들은 후에 신속하고 성의 있게 처리하도록 한다. • 적극적인 자세로 임한다. • 설명은 사실 중심으로 명확하게	• 공손한 표현을 선별하여 사용한다. • "당사의 규정으로는~", "당사의 처리 방식~" 등의 표현은 사용하지 않는다.
4단계	• 문제 해결을 위한 도움 요청: 어쩔 수 없다고 판단했을 때는 즉각 대응할 수 있는 사람으로 교체할 것 (직급이 높거나 책임 권한이 있는 사람일수록 효과적)	

🔵 컴플레인 예방을 위한 선행 지침

구분		주요 내용
상품	식품	① 철저한 품질 관리: 신선도, 냉동 쇼케이스 온도 상태 점검, 이물질 삽입 여부 등 ② 제품 표시 점검: 제조일, 유통기한, 중량, 가격표 등 ③ 정확한 계량: 판매 시점에서 상품 재점검, 변질, 포장 상태 등 ④ 상품 판매 시점에서 상품 재점검: 파손, 변질, 포장의 오염 등 ⑤ 기타 상품 특성에 맞는 상품 지식 습득
	잡화/ 가용	① 판매 시점에서 상품 재점검: 부품, 작동, 파손, 포장 등 ② 파손 우려 제품(도자기, 전자제품 등)의 배달 시 완전한 포장
	의류 (봉제 제품)	① 판매 시점에서 재점검: 봉제, 실매듭: 단추, 박음질 상태, 시접, 부자재 등 ② 품질 표시, 세탁 방법 등의 점검 ③ 사이즈 확인
접객 태도		① 취급 상품의 상품 지식 습득: 완벽한 상품 설명 ② 약속 기일 엄수(완성일, 납기일 등): 약속 관리 대장 활용 ③ 호객, 강매를 하지 말 것 ④ 금전상의 재확인: "얼마 받았습니다, 거스름돈 얼마입니다." ⑤ 선물 상품인 경우: 정찰표 제거 철저 ⑥ 폐점 직전, 고객께 특히 친절히 접객
배달		① 주문 전표의 재고 확인 ② 전표와 상품의 대조 확인 ③ 파손 방지 배려 ④ 기일, 시간의 엄수: 불가피하게 약속을 어기게 될 때는 반드시 사전 사과, 양해를 구함
사고		① 고객 소지품 분실 방지 우려 ② 쇼케이스 등 집기 파손 점검 ③ 매장 내 상품 운반구 등 운반 시 주의 ④ 장치물, 시설물의 점검

🔵 주요 컴플레인 대처 요령

처음부터 기분 좋게 응대하여 고객이 우리 매장, 우리 점포를 다시 찾아
오도록 한다.

교환 / 환불

구 분	주요 내용	비 고
교환/환불 요구 유형	• 구입한 상품에 대한 디자인, 색상, 사이즈 불만 • 사용 중 상품의 하자 발견 및 하자 문의 • 고객 변심 • 동일 브랜드이거나 타 점포에서 구입 • 선물 받고 맘에 들지 않아 교환/환불 요구	
불이행 시 고객 이탈 초래	• 단기적 손실에 급급해 교환, 환불 불이행 시 → 고객 컴플레인 발생 → 고정 고객 이탈 ※ 만족을 얻지 못한 고객의 91%는 절대로 재방문하지 않고, 최소한 9명 이상에게 자신이 겪은 불쾌감을 이야기한다.	장기적인 측면에서 고정 고객 확보를 통한 수익 증대를 생각한다.
교환/환불 처리 요령	교환/환불은 귀책 사유가 당사에 있을 경우 해드리며, 판단은 항상 고객의 입장에서 생각하는 자세를 취해야 한다.	고객이 교환 또는 환불을 원하는지 반드시 사전에 고객의 의사를 확인한다.

단계별 교환/환불 세부 처리 지침

구 분	주요 내용	유의 사항
1단계	• 고객의 불만족 사항을 경청하고 공감한다. • 선입관을 버리고 끝까지 불만 내용을 경청한다. • 고객 불만, 상한 감정 등을 이해하고 공감한다.	• 밝은 표정, 단정한 복장, 명함을 제시한다. • 고객의 말을 가로막거나, 감정적인 응대는 금물이다.
2단계	• 교환/환불의 타당성을 판단한다. • 고객 의사를 먼저 물어본 후 고객이 원하는 방향으로 처리해 드려야 한다.	• 협력사원의 임의대로 환불을 요구하는 고객을 교환으로 유도해서는 안된다.

3단계	• 교환 또는 환불이 타당하다고 판단 시 사죄의 말을 전하고 즉시 교환 또는 환불을 고객 요구대로 처리한다.	• 고객 잘못이 명백한 경우 외에는 100% 교환/환불 처리한다.
4단계	• 처음부터 끝까지 완전히 처리 종료될 때까지 담당자 한 사람이 처리한다. • 교환/환불 접수를 받은 판매사원이 전 과정을 책임 있게 처리한다.	• 담당이나 상급자가 없다는 것을 이유로 처리를 지연해서는 안 된다.

상품 하자

고객이 상품 하자로 컴플레인을 제기할 경우, 사안에 따라서는 매장에서 자체적으로 해결하기 어려운 경우도 자주 발생한다. 이렇게 상품 하자 여부를 현장에서 객관적으로 판명하기 어려울 때에는 고객 상담실에 의뢰하여 해결하도록 한다.

접객 태도

고객은 매장에서 직원의 응대를 받을 때, 나름대로 그 직원을 평가한다. 직원의 용모, 말씨, 태도, 복장 등은 고객이 해당 직원을 평가하는 중요한 기준이라고 할 수 있다. 고객에게 최대한 예의를 갖추고 친절한 상품 설명과 응대로 고객의 요구에 맞게 응대하도록 한다.

구분	주요 내용	비고
접객 태도 불만 발생 요인	• 고객 문의에 무성의한 대답 또는 무시를 할 때 • 고객의 정당한 요구를 거절할 때 • 무뚝뚝한 말씨와 성의 없는 태도로 응대할 때 • 지나친 상품 구입 강요 • 자리 이석으로 인한 업무 인수인계 미흡 • 매장 내 직원간 잡담 및 사적인 전화 통화 • 미흡한 상품 정보 제공으로 인한 상품 하자 발생 (세탁방법, 상품 취급 시 주의 사항 등)	

▼ 고객 응대 시 유의 사항

- 영수증이나 카드 매출전표가 있어야 환불 가능한 것이 원칙이나, 매출 조회 등의 구매 사실이 확인된 경우 증빙이 없어도 환불 가능하다.
- 신용 판매 데스크에 확인한 후 처리하도록 한다.
- 카드 매출전표 분실 주의
- 꼭 영수증을 드리고 매출전표를 잘 관리하도록 한다.
- 카드 사용 시 반드시 카드 뒷면을 확인한다.
- 본인 사용 여부 및 고객 서명을 확인한다.
- 직원 대휴 시 또는 자리를 비울 때는 업무 인수인계를 철저히 하도록 한다.
- 약속 이행 일지를 작성한다.
- 교환/환불 시 고객이 원하는 대로 해주도록 한다.
- 재판매가 불가능할 경우 왜 안 되는지 타당성을 설명하고 고객 상담실로 문의한다.
- 사은품 증정 행사 시 강매하지 않는다.
- 금액 제한에 따른 사정을 알기 쉽고 친절하게 설명한다.
- 상품권은 현재 60% 이상 사용 시 차액 환불이 가능하다.
- 매장에서 처리 곤란한 사항이 생길 경우 고객상 담실로 문의/의뢰한다.

약속 불이행

아무리 작고 사소한 약속이라도 고객과의 약속은 무엇보다 소중하게, 열과 성의를 다해 처리하도록 한다. 고객과의 약속을 제대로 지키지 않은 한 명의 직원으로 인해 기업 전체에 대한 평가가 내려지기 때문에 책임감 있게 약속사항을 처리하도록 한다.

▼ 약속 불이행 발생 주요 원인

- 상품 맞춤 약속 일을 지키지 않았을 때
- A/S 및 수선약 속 일이 지연될 때
- 배달 약속을 지키지 않았을 때

⇨ 고정 고객 이탈과
   신규 고객 창출 저하

컴플레인이 발생한 상황을 선정해서 미리 현장 적용 시나리오를 작성해보고 그에 따른 대처 응대 방법을 작성해 본다.

"우리는 친절한 사람을 좋아합니다."

그렇다. 고객은 늘 언제 어디서나 즐겁고 기분 좋은 서비스를 기대한다. 그래서 서비스가 만족스럽지 못할 때는 그만큼 불평이나 불만이 크다. 기대가 컸기 때문에 실망도 큰 것이라고 할 수 있다.

고객 불만이 발생하는 유형을 분석해 보면 다음과 같다.

고객의 기대에 못 미치는 서비스, 지연 서비스, 직원의 실수와 무례함, 약속 미이행, 단정적 거절, 책임 전가 등 서비스와 관련된 부분이 대부분이라고 할 수 있다. 그 외에도 자연의 힘에 의에 발생하는 문제나 시스템의 원인 같은 외부요인이 있다.

우리의 실수이건 다른 요인이건, 고객의 불만에 정면으로 대처하고 해결을 강구하여 고객만족을 이끌어 내는 것은 현장에 있는 직원들의 몫이다.

"당신은 친절한 사람입니까?"라는 질문에 주저 없이 "네!"라고 말할 수 있는 직원이라면 고객은 당신의 곁에 늘 함께할 것이다. 고객 응대에 최선을 다하는 것이 여러분이 일에 대한 보람을 느끼는 순간이 될 것이다.

1. 먼저 사과 드린다.

"죄송합니다." 이 한마디는 불만 고객 응대에서 가장 중요한 포인트라고 할 수 있다. "미안합니다."보다 한 단계 높은 사과의 표현인 "죄송합니다."로 신속하게 유감의 뜻을 표현하도록 한다.

2. 고객의 불만을 열심히 듣는다

고객의 말을 끊지 않도록 주의하며 잘 듣고, 불만인 문제를 파악하여 숨은 요인을 찾아내도록 한다. 이때 고객의 불만을 이해하고 함께 걱정하고 있다는 인상을 심어주도록 한다.

3. 변명은 하지 않는다

고객은 항상 옳다. 그리고 고객은 틀리는 법이 없다. 그러므로 설령 고객이 잘못 알고 있거나 우리가 정당하다 할지라도 규정 등을 내세우며 변명하여 고객의 노여움을 사지 않도록 한다.

4. 고객 관점의 어휘 사용으로 공감대를 형성하도록 한다

"저희에게 솔직하게 말씀해 주셔서 감사합니다.", "상황에 대해 말씀해 주신 덕분에 저희가 필요한 조치를 할 수 있었습니다. 감사합니다.", "많이 속상하시겠습니다. 죄송합니다." 등의 말로 고객의 입장에 있음을 느끼도록 한다.

5. 어깨를 나란히 마주하는 자세를 취한다

화난 고객과 정면으로 마주하면 도전적인 인상을 줄 수 있다. 마주서서 자연스럽게 고객의 편에서 상황을 보겠다는 마음을 심어 주도록 한다.

6. 천천히 침착한 목소리로 이야기한다

톤을 낮춘 목소리는 침착한 분위기를 만들어 고객의 마음을 누그러뜨리는 효과가 있다. 천천히 이야기하는 것은 신중하게 단어를 선택함으로 실수를 적게 하게 하며 성실히 응대하는 이미지를 심어 준다.

7. 문제가 어려울 경우 관리자가 적극적으로 나서 해결을 돕도록 한다

"책임자 불러와!", "점장 바꿔!" 등의 말을 들었을 경우에는 고객이 상사에게 불만 사항을 두 번 반복하지 않도록 상사에게 고객의 불만 내용을 가감하여 객관적으로 전달해 문제 해결을 돕도록 한다.

8. 장소를 바꿔 본다

긴 시간이 소요될 거라고 판단되거나 다른 고객의 시선을 많이 집중시킬 때가 있다. 그럴 땐 정중히 "죄송하지만, 상담실에 가셔서 말씀해 주시겠습니까?" 등의 응대로 자연스럽게 고객을 다른 장소로 유도한다. 장소를 옮기고, 책임자의 사과를 받고, 차 한잔 마시는 시간을 가지는 과정에서 고객의 화는 가라앉게 되고 해결의 실마리를 찾게 될 것이다.

9. 대안을 강구한다

먼저 고객에게 대안을 제시할 수 있도록 한다. 고객의 요구를 다 받아들이지 못할 경우, 실현 가능한 최선의 대안을 제시한다. 이 경우에도 다시 한번 고객에게 사과의 말을 한 후 고객과 적절한 합의를 도출하도록 한다.

10. 고객과 합의한 대안은 반드시 성실히 실천한다

고객과의 약속을 성실히 이행한 후, 이행 과정과 고객이 만족했는지에 대해 확인하는 절차가 필요하다. 전화를 해서 설명하는 작은 정성에 고객은 감동한다. 그리고 향후 동일한 고객 불만이 발생하지 않도록 내부적인 대책을 논의하도록 한다.

● 서비스 커뮤니케이션

가장 비싼 물건과 가장 싼 물건을 사 오라는 주인의 말에 하인이 혀를 구매해 온 탈무드의 예화가 있다. 하인은 주인에게 "'세 치의 혀로 사람을 살릴 수도 죽일 수도 있다.'는 말처럼 사람의 목숨을 살릴 수 있는 것이 세상에서 가장 비싸므로 사온 것이고, 사람의 목숨을 죽일 수도 있는 것이 세상에서 가장 싸고 천한 물건이므로 혀를 사온 것"이라고 말한다.

혀를 잘 사용하면 보물보다 가치 있는 값진 물건이 되지만, 혀를 잘못 사용하면 가치가 떨어지므로 가장 보잘것없는 싸구려 물건이 된다는 뜻이다. 우리가 늘 사용하는 말은 상대방의 마음을 즐겁게 하기도 하고 상대방의 마음에 상처를 주기도 하고 불화의 씨를 만드는 원인을 제공한다.

한 마디의 말! 상대방의 입장에서 배려하고 정성 어린 말을 할 수 있도록 끊임없이 훈련하면서 습관을 들여야 할 것이다.

공직자의 직무 스트레스 관리

🏛 직무 스트레스

행위 주체자의 특성상 승객의 행동에 주의 집중해야 하며, 안전사고에 늘 유의하여야 한다. 업무와 관련된 정리 정돈 등 다양한 활동을 병행할 때 업무상 스트레스의 원인이 될 수 있다.

직무 스트레스란 일로 인해 심하게 압박감을 받을 때 나타나는 신체적, 심리적 반응을 말한다. 대개의 직무 스트레스 요인은 안전사고에 대비해 승객에게 항상 집중해야 하고, 동료 및 고객 응대 업무를 하면서 겪는 감정노동 등이다. 업무 중 불충분한 휴식 시간 등으로 인해 만성피로를 경험한다. 퇴직 후 삶에 대한 고용 불안도 스트레스의 요인이 될 수 있다.

'피로'는 일반적으로 '일상적인 활동 이후의 비정상적인 탈진 증상, 기운이 없어서 지속적인 노력이나 집중이 필요한 일을 할 수 없는 상태나 일상적인 활동을 수행할 수 없을 정도로 전반적으로 기운이 없는 상태'로 정의된다.

'피로'가 1개월 이상 계속되는 경우 '지속성 피로', 6개월 이상 지속되는 경우 '만성피로'라 부른다. 만성피로증후군은 잠깐의 휴식으로 회복되는 일과성 피로와 달리, 휴식을 취해도 호전되지 않는다. 만성피로증후군으로 인해 집중력 저하, 기억력 장애, 수면 장애, 위장 장애 등의 증상이 나타날 수 있다.

▼ 만성피로증후군 판단 기준

주요 증상

- 임상적으로 평가되었고, 설명이 되지 않는 새로운 피로가 6개월 이상 지속적 혹은 반복적으로 나타남
- 현재의 힘든 일 때문에 생긴 피로가 아님
- 휴식으로 증상이 호전되지 않음
- 만성피로 때문에 직업, 교육, 사회, 개인 활동이 증상이 나타나기 이전에 비해 실질적으로 감소함

주요 증상 외 다음 항목 중 4가지 이상이 동시에 6개월 이상 지속되는 경우 만성피로증후군으로 진단

- 기억력 혹은 집중력 장애
- 인후통
- 경부 혹은 액와부 림프선 압통
- 다발성 관절통
- 새로운 두통
- 잠을 자도 개운한 느낌이 없음
- 운동 혹은 힘들여 일을 하고 난 후 나타나는 심한 권태감

위의 증상들이 아래 나열되는 질환에 의한 것이면 만성피로증후군에 포함되지 않음

- 만성피로를 설명할 수 있는 현재 증상의 모든 기질적 질환: 갑상선 기능 저하증, 빈혈, 각종 만성질환, 부신피질 기능 저하증, 수면 무호흡증, 기면 발작, 약물 부작용 등
- 과거에 진단되었지만 회복이 증명되지 않았고 지속되었을 때 만성피로를 설명할 수 있는 모든 기질적 질환
- 정신과적인 주요 우울증, 양극성 정동성 장애, 조현병(정신분열증), 망상 장애, 치매, 신경성 식욕 부진, 대식증
- 만성피로가 시작되기 2년 전부터 그 이후에 생긴 알코올 혹은 기타 약물 남용
- 심한 비만(체질량 지수 45 이상)

출처: 서울대학교병원의학정보. http://www.snuh.org/health/nMedInfo/nView.do

🔵 직무 스트레스 관리

조직적 관리방안

- 간담회 등을 통해 관리자가 서비스 이용자에게 서비스 제공자의 고충 등을 전달하고 협조를 요청하는 등의 노력이 필요하다.
- 정해진 근로시간을 초과하지 않도록 한다.
- 업무상의 어려움이나 요구 사항을 알릴 수 있는 소통 체계를 마련한다.
- 직무 스트레스의 원인을 파악하고, 이를 예방하고 관리할 수 있는 방법에 대한 종사자 교육을 실시한다.
- 근무 중 발생하는 문제들에 대해 주의를 기울여 듣고 긍정적이고 적극적으로 반응하여 지지를 제공한다.
- 다른 채널(유사 직업군)과 공감의 시간을 주선하여 서로 경험을 공유하고, 문제 발생 시 대처방안을 공유하도록 한다. 이를 통해 서로 지지 체계를 확립해 갈 수 있도록 한다.
- 서비스 제공자들이 자신이 수행하는 업무에 대해 자긍심을 가질 수 있도록 존중하는 분위기를 조성한다.

개인적 관리방안

- 직무 스트레스 발생 시 자신의 어려움을 공유하고, 도움을 받을 수 있는 동료나 멘토를 만들어 대화를 나눈다.
- 고객 및 사용자들과 원활한 의사소통을 위해 효율적인 의사소통 방법을 익힌다.
- 건강한 생활습관을 유지한다.
- 규칙적으로 운동한다.
- 올바른 식습관을 유지한다.
- 하루 7~8시간의 쾌적한 수면시간을 유지한다.
- 카페인이 많이 든 음식 섭취를 줄인다.

- 스트레스의 원인을 알기 위한 자기 심리나 활동 내용을 관찰한다.
- 감정 조절에 도움이 되는 복식호흡을 연습한다.
- 긴장 해소를 위한 근육 이완을 훈련한다.
- 스트레스 발생 상황에 대하여 긍정적으로 생각한다.
- 스트레스가 쌓이거나 화가 났을 때 마음에 쌓아두지 않고 자신의 감정을 표출한다.
- 자신의 감정과 의견을 명확하게 전달하는 자기주장 훈련을 한다.

▼ 직무 스트레스 증상 완화법

대처법	내용
자기 관찰	원인이 된 스트레스를 알아내기 위하여 문제 상황에 대한 자신의 반응 양상을 일일 행동 기록지에 적는다.
복식호흡법	양손을 아랫배에 대고 천천히 숨을 들이마시고 내쉰다(코나 목으로 호흡하는 것이 아니라 아랫배를 이용해 숨을 쉼).
근육이완법	근육에 주의를 집중시켜 불필요한 긴장을 해소하는 단계적인 훈련을 한다.
긍정적으로 생각하기	어쩔 수 없이 직무스트레스가 발생하는 상황이라면 즐겁게 받아들이고, 자신이 해야 하는 일을 즐겁게 열심히 하도록 긍정적인 생각을 한다.
자신의 감정 털어놓기	화가 났을 때 마음에 쌓아 두지 않고, 글을 쓰거나 낙서를 해서 자기 감정을 표출한다.
자기 주장훈련	다른 사람을 비난하거나 불쾌하게 만들지 않으면서 자신의 욕구나 생각, 감정 등을 명확히 주장하는 방법을 훈련한다.

[출처: 고용노동부 • 한국산업안전보건공단. 2017. 근로자 자살예방 직업건강가이드]

기타 직무 스트레스 증상 완화 방안

① 고객과 서비스 제공자 사이에 상호 존중하고 신뢰하는 문화가 형성될 수 있도록 '이용자 – 서비스 제공자 간 상호 존중 수칙'을 알림판 등에 게시하고 이용자에게 수시 안내를 유도한다.

▼ 서비스 제공자 간 상호 존중 수칙(예: 운송업)

[이용자]
1. 서비스 제공자에게 배려와 존중의 언어를 사용한다.
2. 서비스 제공자의 어려움을 이해하고, 관련 서비스만 요구한다.
3. 서비스 제도에 대해 충분히 공유한다.
4. 서비스 제공에 관한 장소와 이용 시간을 지킨다.
5. 서비스 제공자의 사생활 보호를 위해 영상정보처리기기(CCTV, 네트워크카메라 등) 설치를 사전에 알린다.

[서비스 제공자]
1. 이용자의 인권을 최우선으로 존중하고 배려한다.
2. 이용자의 건강 상태, 상황 등 상시적으로 안전을 살피며, 업무 중에 개인 용무를 보지 않는다.
3. 이용자의 소통 방식을 존중하고, 요구 사항에 대하여 적극적으로 경청한다.
4. 서비스 이용에 관한 장소와 시간을 지킨다.
5. 이용자의 사생활을 보호하고 존중한다.

② 서비스 제공자의 고객 응대 매뉴얼을 작성하고 게시, 교육을 활성화 한다.

▼ 고객 응대 매뉴얼에 포함할 내용(예: 운송업)

1. 고객 응대 서비스 제공자의 건강 보호 매뉴얼의 목적
2. 고객 응대 서비스 제공자의 응대 업무를 관리해야 할 근거
3. 고객 응대 서비스 제공자의 고객응대 커뮤니케이션 전략
4. 문제유발 이용자의 유형 분류
5. 상황별 응대 멘트
6. 폭언, 폭력 발생 시 대응 절차
7. 고객 응대시 서비스 제공자의 권리 보장
8. 제공기관 내 지원 체계
9. 고객 응대 업무로 인한 감정손상 예방 대책
10. 도움 요청기관

[자료: 한국산업안전보건공단. 2018. 고객응대업무 종사자 건강보호 매뉴얼 작성
지침을 참고하여 운송자에 맞게 재구성함]

• 한국형 감정 노동 평가 도구

설문 문항	전혀 그렇지 않다	약간 그렇지 않다	약간 그렇다	매우 그렇다
1. 고객에게 부정적인 감정을 표현하지 않으려고 의식적으로 노력한다.	1	2	3	4
2. 고객을 대할 때 회사의 요구대로 감정 표현을 할 수밖에 없다.	1	2	3	4
3. 업무상 고객을 대하는 과정에서 나의 솔직한 감정을 숨긴다.	1	2	3	4
4. 일상적인 업무 수행을 위해서는 감정을 조절하려는 노력이 필요하다.	1	2	3	4
5. 고객을 대할 때 느끼는 나의 감정과 내가 실제 표현하는 감정은 다르다.	1	2	3	4
6. 공격적이거나 까다로운 고객을 상대해야 한다.	1	2	3	4
7. 나의 능력이나 권한 밖의 일을 요구하는 고객을 상대해야 한다.	1	2	3	4
8. 고객의 부당하거나 막무가내 요구로 업무 수행의 어려움이 있다.	1	2	3	4
9. 고객을 응대할 때 자존심이 상한다.	1	2	3	4
10. 고객에게 감정을 숨기고 표현하지 못할 때 나는 감정이 상한다.	1	2	3	4
11. 고객을 응대할 때 나의 감정이 상품처럼 느껴진다.	1	2	3	4
12. 퇴근 후에도 고객을 응대할 때 힘들었던 감정이 남아 있다.	1	2	3	4
13. 고객을 대하는 과정에서 마음의 상처를 받는다.	1	2	3	4
14. 몸이 피곤해도 고객들에게 최선을 다해야 하므로 감정적으로 힘들다.	1	2	3	4
15. 직장이 요구하는 대로 고객에게 잘 응대하는지 감시를 당한다.(CCTV 등)	1	2	3	4
16. 고객의 평가가 업무 성과 평가나 인사 고과에 영향을 준다.	1	2	3	4
17. 고객 응대에 문제가 발생했을 때, 나의 잘못이 아닌데도 직장으로부터 부당한 처우를 받는다.	1	2	3	4
18. 고객 응대 과정에서 문제 발생 시 직장에서 적절한 조치가 이루어진다.	1	2	3	4
19. 고객 응대 과정에서 발생한 문제를 해결하고 도와주는 직장 내의 공식적인 제도와 절차가 있다.	1	2	3	4

20. 직장은 고객 응대 과정에서 입은 마음의 상처를 위로받게 해준다.	1	2	3	4
21. 상사는 고객 응대 과정에서 발생한 문제를 해결하기 위해 도와준다.	1	2	3	4
22. 동료는 고객 응대 과정에서 발생한 문제를 해결하기 위해 도와준다.	1	2	3	4
23. 직장 내에 고객 응대에 관한 행동 지침이나 매뉴얼(설명서, 안내서)이 마련되어 있다.	1	2	3	4
24. 고객의 요구를 해결해 줄 수 있는 권한이나 자율성이 나에게 주어져 있다.	1	2	3	4

주: 1) 문항 번호 1~5: 감정 조절의 노력 및 다양성
　　문항 번호 6~8: 고객 응대의 과부하 및 갈등
　　문항 번호 9~14: 감정 부조화 및 손상
　　문항 번호 15~17: 조직의 감시 및 모니터링
　　문항 번호 18~24: 조직의 지지 및 보호 체계
　2) 영역별 환산 점수 = (해당 영역의 각 문항에 주어진 점수의 합 - 문항 개수) / (해당 영역의 예상 가능한 최고 총점 - 문항 개수) × 100

■ 한국형 감정노동 평가도구의 요인별 성별 참고치

감정노동 하부 요인		정상	주의
감정 조절의 노력 및 다양성	남자	0 ~ 76.66	76.67 ~ 100
	여자	0 ~ 83.32	83.33 ~ 100
고객 응대의 과부하 및 갈등	남자	0 ~ 61.10	61.11 ~ 100
	여자	0 ~ 61.10	61.11 ~ 100
감정 부조화 및 손상	남자	0 ~ 58.32	58.33 ~ 100
	여자	0 ~ 58.32	58.33 ~ 100
조직의 감시 및 모니터링	남자	0 ~ 38.88	38.88 ~ 100
	여자	0 ~ 38.88	38.88 ~ 100
조직의 지지 및 보호 체계	남자	0 ~ 45.23	45.24 ~ 100
	여자	0 ~ 45.23	45.24 ~ 100

자료: 한국산업안전보건공단. 2016. 고객응대 근로자의 감정노동 평가 지침

"공직자 민원 응대 개선을 위한 친절 청렴 문화 전파"

하나의 현상이 문화로 자리를 잡기 위해서는 전파하는 과정이 필요합니다. <오징어 게임>을 떠올려 보세요. 콘텐츠가 확산하고, 수많은 패러디 등 시청자와 비 시청자 모두에게 인지되었기에 성공하게 됩니다. <오징어 게임>이 하나의 밈(Meme, 문화적 행동이나 지식이 다른 사람에게 복제되어 전달되는 것)으로 자리하여 대화 속에 녹아들고 살아남기 위한 경쟁 게임을 상징하는 메타포(Metaphor, 은유법으로, 비교를 직접적으로 명시하지 않는 'A는 B다'라는 식의 어법)처럼 쓰이기도 했고요. 이처럼 전파와 인식, 활용, 정착 등의 과정을 거쳐 문화 요소가 퍼져나갑니다.

공직자의 민원 응대에 관한 관내 문화도 비슷합니다. 이 책에서 말하는 내용이 왜곡 없이 퍼져나가고, 공직자의 위상을 해치는 안티컬처(Anti-culture) 요소를 막는 방법을 제시하는 내용입니다. 친절, 청렴 문화를 지키고 퍼뜨리는 과정은 매우 힘들지만, 가장 중요한 것은 '활용'입니다. 민원 응대에서 적절한 응대는 자연스럽게 대처하기보다 인공적으로 만들어지기 마련입니다. 즉, 성공적 민원 응대란 법적 테두리 하에 수많은 사람의 노력으로 만들어진 결과물이라 하겠습니다.

대한민국은 공직자뿐만 아니라 시민 모두가 친절 청렴 문화를 극대화할 방법을 찾아야 합니다. 이에 이 책은 민원 응대에 관하여 숙지할 방법,

활용할 방법, 지켜야 할 것, 막아야 할 것을 안내합니다. 시민을 위한 봉사자로 성공적 민원 응대 전략을 찾는 것이죠. 새로운 구성원이 우리 문화에 쉽게 녹아들 수 있도록 안내하여 민원 응대 현장에서 도움이 되길 바랍니다.

자 이제 조직 및 시민들에게도 친절 청렴 문화를 퍼뜨리기 위해서는 어떤 전략이 필요할까요?

바로 다짐하고 공유해야 합니다. 그리고 꾸준히 실천해야 합니다. 이것이 필수입니다. 왜 이 책이 만들어졌는지를 기억하고 공유해야 합니다. 끝으로 오랜 시간 훈련하셔야 합니다.

이 책에 실린 내용들을 실행하려면 적어도 3~4개월 정도 필요합니다. 물론 시간과 품질이 반드시 비례하는 것은 아니지만, 실제로 단어 하나, 표현 하나까지 섬세하게 적용하려면 시간이 길어지기 마련입니다.

이제부터 현장 적용, 하나하나 연습해 봅시다.

우리가 이러한 문화를 만드는 일에 누군가는 시간 낭비라고 말할 수 있습니다.

'지금 그런 거 할 때냐.', '그럴 시간에 일이나 하지!'
'그거 뭐 하려 해?', '그런 거 해도 안 변한다.'

분명 이런 이야기도 있을 겁니다. 하지만 민원 응대에 관한 효용은 우리가 현장에서 어떻게 활용하는지에 달려 있습니다. 그러기 위해 우리는 지치지 않는 체력과 정신력이 필요합니다. 우리의 이러한 노력은 우리 지역을 넘어 대한민국 시민의식에도 영향을 미치리라 확신합니다. 민원 응대 노력 없이도 일은 진행이 됩니다. 보이지 않는 암묵적인 룰, 그것에 대항하는 민원인의 항의와 함께 시간은 흐릅니다. 민원 응대에 관하여 노력하지 않는 사람도 분명 존재하고 갈등의 골은 깊어져 공직자에 대한 불신으로 이어질 수도 있습니다. 그러나 우리는 모든 존재를 귀하게 여겨야 합니다.

이 책은 모든 구성원을 완벽하게 통제하고 친절 청렴 공정 공평의 수단은 아닙니다. 그러나 자주 열어보고 업데이트해줘야 합니다. 읽고 외우는 게 아니기 때문에 필요할 때마다 꺼내 볼 수 있는 가이드가 되어야 합니다. 부족한 것은 채워가며 발전시켜 나가야 합니다.

이 책을 시작으로 공직자가 주도하는 친절 청렴 문화 확산의 첫 시작이길 기대해 봅니다. 대한민국 모든 공직자 여러분의 건승을 기원합니다.

1. 도서

· 김명희 외, 《스타일 스위칭》, 슬로디미디어, 2016

· 김숙현 외, 《한국인과 문화 간 커뮤니케이션》, 커뮤니케이션북스, 2006

· 로버트 스턴버그, 《사랑의 기술》, 류소 편역, 사군자, 2002

· 마크 냅 · 주디스 홀 · 테런스 호건, 《비언어 커뮤니케이션》, 최양호 · 김영기 역, 커뮤니케이션북스, 2017

· 서우경, 《무엇이 CEO를 만드는가》, 김영사, 2015

· 이상은, 《몸짓 읽어 주는 여자》, 천그루숲, 2018

· 조셉 오코너 · 존 시모어, 《NLP 입문》, 설기문 외 역, 학지사, 2010

· 줄리어스 파스트, 《바디 랭귀지》, 이희구 역, 한마음사, 1994

· 폴 D. 티저 · 바버라 배런 티저, 《성격을 읽는 법》, 강주헌 역, 더난출판, 2016

· 폴 에크먼, 《얼굴의 심리학》, 이민아 역, 바다출판사, 2006

· 폴 에크먼, 《언마스크, 얼굴 표정 읽는 기술》, 함규정 역, 청림출판, 2014

2. 기타

· 고용노동부 · 한국산업안전보건공단, 《근로자 자살 예방 직업 건강 가이드》, 2017

· 〈동서양 문화권에 따른 이미지, 애니메이션 이모티콘 사용 양상 차이점 연구〉, 김유래 · 전수진. 《Journal of Integrated Design Research》, 인제대학교디자인연구소, 2018

· 한국산업안전보건공단, 《고객 응대 근로자의 감정노동 평가 지침》, 2016

· 고용노동부 • 한국산업안전보건공단, 《근로자 자살예방 직업건강가이드》, 2007

· 한국산업안전보건공단, 《고객응대업무 종사자 건강보호 매뉴얼》, 2018

· 행정안전부, 《공직자 민원 응대 매뉴얼》, 2022

· 김유래 · 전수진. 〈동서양 문화권에 따른 이미지, 애니메이션 이모티콘 사용 양상 차이점 연구〉, 《Journal of Integrated Design Research》, 인제대학교디자인연구소, 2018.

· 서울대학교병원 의학 정보, http://www.snuh.org/health/nMedlnfo/nView.do

· 「이모티콘」, 위키백과, Retrieved October 1. 2019(https://ko.wikipedia.org/wiki/%EC%9D%B4%EB%AA%A8%ED%8B%B0%EC%BD%98)